VLADIMIR JANKÉLÉVITCH

Von der Lüge

Aus dem Französischen von
Sarah Dornhof und Vincent v. Wroblewsky

Herausgegeben von
Steffen Dietzsch

FELIX MEINER VERLAG
HAMBURG

PHILOSOPHISCHE BIBLIOTHEK BAND 637

Bibliographische Information der Deutschen Nationalbibliothek

Die Deutsche Nationalbibliothek verzeichnet diese
Publikation in der Deutschen Nationalbibliographie;
detaillierte bibliographische Daten sind im Internet
über ‹http://portal.dnb.de› abrufbar.
ISBN 978-3-7873-2863-5
ISBN eBook: 978-3-7873-2864-2

Titel der französischen Originalausgabe: »Du mensonge«
(Erstauflage Lyon 1942). © Editions Flammarion, Paris, 1998.

Inhalt

Vladimir Jankélévitch in memoriam

von Xavier Tilliette

V ON VLADIMIR JANKÉLÉVITCH bleibt mir das durch
die Erinnerung stilisierte Bild einer nachdenklichen,
Aufmerksamkeit ausstrahlenden Physiognomie, von der be-
rühmten Strähne durchkreuzt, einer vorgebeugten, eilenden
Silhouette und schließlich, nicht weniger bekannt als das
kämpferische Haar, einer rauhen, hastigen Stimme, die die
Zuhörer in Atem hielt. War er ein Redner, ein Virtuose des
Wortes und des Vortrages? Ja und nein. Ohne Zweifel ver-
fügte er über Sprachgewandtheit, er nahm kraft der Worte
für sich ein, und wenn man ihn sah, war es nicht schwer zu
erraten, dass er fast in Trance geriet, dass die Verkettung der
Sätze eine Art Pochen, Schwingen erzeugte, etwas wie ein
freies Schweben. Doch sprach er wie sein Lehrer Schelling
im Schweiße seines Angesichts, er ging erschöpft aus seinen
Vorlesungen hinaus, und die Zuhörer blieben wie betäubt
zurück.

Bei sich zuhause, in seiner nüchtern möblierten Wohnung
am Quai aux Fleurs, mit dem im Salon thronenden offenen
Klavier, war Jankélévitch ein ganz anderer. Er empfing einen
mit ausgesuchter Höflichkeit, fast mit Ehrerbietung. Er bot
mir den Sessel an. Man setzte sich um eine Tasse Tee, den er
vorbereitet hatte. Das Gespräch begann mit der Dissertation,
doch er hielt sich dabei nicht auf, er hatte die Zeit seiner eigenen Promotion vergessen, er hatte das posthume Schicksal
seines Autors nicht verfolgt. Dennoch hatte er Schelling vom
Autodafé ausgenommen, das alle deutschen Schriftsteller
und Künstler traf. Schelling war die Ausnahme, und der Gedanke seiner Anfänge, »die Odyssee des Bewusstseins«, rief

bei ihm ein Gefühl der Rührung hervor. Er gab jedoch zu,
den Kontakt verloren zu haben, und überließ mich einem
königlichen Frieden. Das Abenteuer währte mehrere Jahre,
und eine meinerseits ehrfurchtsvolle Freundschaft bildete
sich heraus. Jankélévitch war nicht überschwenglich, doch
sparte er nicht mit der Anrede »Pater«. Am Tag der Verteidigung war er herzlich und lobte meine Schreibweise, was mir
neue Kraft gab. Denn über alles bewunderte ich seinen Stil,
mitreißend, farbig, seine verbale Erfindungskraft und diese
Art ständigen neuen Schwungs der Worte, das einem Japsen
ähnelte. Er erfand Neologismen, konstruierte Vokabeln, von
denen manche eingebürgert wurden, wie z. B. »semelfactif«,
»futuricien«, »méontique«, »nihiliser«, »itératif«. Er färbte
auf eifrige Zuhörer ab, die sich mit seinen Worten schmück-
ten. Ich kannte einen, auf den das Wort »futiliser« anste-
ckend wirkte und der es alle Nase lang benutzte.

Sein Stil schuf einen Eindruck von Leichtigkeit, von spon-
tanem Hervorquellen, ebenso wie seine Sprechweise. Als ich
ihn auf diese Ungezwungenheit seines Schreibens ansprach,
auf diesen scheinbar von selbst fließenden Schwung, sagte
er mir, glauben Sie das nicht, ich muss Sie eines Besseren
belehren, ich schreibe nicht mit leichter Hand. Ich arbeite
und überarbeite, und der Schein des leichten Glanzes ist
eine Eroberung. Ich habe mir diese Antwort gemerkt, geprägt von hellenistischer Weisheit. Dennoch haben seine
Bücher eine märchenhafte Lebendigkeit und Bewegtheit.
Man liest sie wie ein Bräutigam einen Liebesbrief. Das ab-
geschriebene, sehr lesbare Manuskript drückte die Liebe
zu festen Zügen, zu klar gezeichneten Buchstaben aus,
vergleichbar den bewegten Baumreihen aus *Macbeth*. Von
seinen Büchern ist mir vielleicht deshalb die überarbeitete
Aufzeichnung des Gesprächs mit Béatrice Berlowitz, *Quelque part dans l'inachevé* (Irgendwo im Unvollendeten) am
liebsten, in dem sich der mündliche Stil mit der Fülle der Bil-
der und der pädagogischen Erfindung verbindet. Es vereint

die Lebhaftigkeit der Konversation mit der Beherrschung der Ausdruckskunst. Wir können jedoch sicher sein, dass es von den Beteiligten überarbeitet wurde und dass die verzauberte Schrift auf die leidenschaftliche Gesprächspartnerin eingewirkt hat.

Das Talent, mit Anstrengungen unangestrengte Verse hervorzubringen, war also das Vorrecht des improvisierenden Gelehrten. Und selbst am Klavier erfand er Triller, Melodien. Er litt sicher darunter, kein Virtuose zu sein, was durchaus nicht heißt, dass er nur klimperte. Er hatte, nach dem Ausschluss der deutschen Komponisten, seine Lieblingsmusiker: Russen, Franzosen, Spanier, das heißt ein wunderbares Odeon, eine Sammlung von Meisterwerken, Rimski-Korsakow, Mussorgski, Tschaikowski, Fauré, Chausson, Manuel de Falla, Albeniz, Ravel. Er erfreute sich eines vielfältigen Klanguniversums, und er schien Bach, Mozart und Beethoven nicht zu vermissen. Ich denke, Liszt und Chopin gehörten zu den Freigesprochenen.

Diese antigermanische Ächtung [seit 1940], deren Nachteile, Ungerechtigkeiten und Last er empfand, hielt er bis zum Ende heroisch aufrecht, trotz der deutsch-französischen Versöhnung, die sie hinfällig machte. Er hatte vor sich selbst einen Eid abgelegt, und weder Jankélévitch noch Lévinas wollten meineidig werden. Ihre Haltung, ebenso unhaltbar wie edel, fand keine Nachahmer. Aber vor allem Jankélévitch hat über das Verzeihen meditiert. Verzeihen heißt nicht die Schuld wegwischen, sondern den Schuldigen aufnehmen, unter der Bedingung, dass er um Verzeihung bittet. Kann man jedoch das Unverzeihliche verzeihen, kann man das Unvergessliche vergessen? Auch Dostojewski stieß, durch Iwan Karamasow hindurch, auf das Unmögliche. Es geht nicht darum, Rache, Vergeltung oder Strafe gutzuheißen. Doch die Ethik hat ihre äußersten Ansprüche, und das Grauen vor dem Verbrechen gehört zu ihnen, es darf nicht banalisiert werden. Christus verzeiht Petrus, doch für seine

Henker erfleht er das Verzeihen des Vaters. Das Recht der
Opfer ist unverjährbar.

  Jankélévitch war ein ebenso besonnener wie anspruchs-
voller Moralist. Seine Ethik ist keine der Verordnungen und
Vorschriften. Sie ist auf ferne Ufer gerichtet, die sich den
Landschaften des Evangeliums anschließen. Es ist keine Moral der Vorschriften und Verordnungen, sondern des Begehrens, der Tugenden und der Hoffnungen. Sie ist jüdisch, sie
ist christlich und sie ist griechisch. Das bedeutet, dass sie Saft
und Kraft aus der reinsten Menschlichkeit gewonnen hat,
ohne Eklektizismus, doch lässt sie sich, wie die von Simone
Weil, vom Prinzip des Besten inspirieren, sie sucht nach
dem Wesen des Menschseins, und es ist nicht überraschend,
dass sie es im am wenigsten greifbaren, im flüchtigsten Element findet, in der Liebe. Unter den Möglichen findet sie
sich ab mit der unwahrscheinlichsten Wahrscheinlichkeit,
mit der Konversion des Herzens. Alle Texte Jankélévitchs
drehen sich um diese zerbrechliche Achse, die Güte, das so
geheimnisvolle Gute, vom Bösen unverwundbar. Es wird
[in der Oper] von der mythischen Unterwasserstadt Kitiège
[von Rimski-Korsakow (1907)] und der Jungfrau Fébronia
[christliche Märtyrerin, 3. Jh.] symbolisiert, die, das Ohr auf
den Boden gepresst, die überschwemmten Glocken läuten
hört. Das ist das bewegendste Symbol unseres Philosophen.

  Er war in unserer Zeit, als echter Schüler Bergsons, der
Philosoph der Zeit. Die Zeit ist seine Sorge und seine unerschöpfliche Quelle des Denkens. Als Musiker lebt er in der
Dauer. Die Dauer ist Fließen und Streben. Sie ist unendlich,
und für den Menschen wird sie zur Zeit. Jankélévitch hat
ohne Unterlass die Natur der Zeit ergründet, ihre Unum-
kehrbarkeit, ihre Nichtfassbarkeit, ihre Launen, ihre Ewig-
keit. Die Zeit ist unerbittlich, und sie ist der Trost, die Be-
friedung. Die Zeit hörte niemals auf, unseren Philosophen
heimzusuchen. Und am Ende der gezählten Zeit fand er
den Tod, wobei er sich von Heidegger abgrenzte. Das nach

Luft ringende Buch über den Tod ist Beichte und Testament. Wenige Denker haben in diesem Maße überprüft, dass das Mysterium die Nahrung der Philosophie ist, ein Wundermanna, das durch Teilen vervielfacht wird, so wie die Liebe. Die Zeit Jankélévitchs hat die Färbung des Todes bewahrt, das heißt die Sehnsucht und die Hoffnung. Der Ungläubige war zu sehr von jüdischer, griechischer und christlicher Kultur durchdrungen, um sich dem Skeptizismus und der Verzweiflung hinzugeben. Der Stoizismus des Mark Aurel hat nur das vorletzte Wort. [Das letzte Wort] ist das Testament des Odysseus, der auf den Wellen der Zeit schweifend sich dem Untergang entgegenstellt …

[Paris, Oktober 2004 und Mai 2015]

VLADIMIR JANKÉLÉVITCH

Von der Lüge

KAPITEL I

Die Lüge

DIE MÖGLICHKEIT DER LÜGE ist mit dem Bewusstsein selbst gegeben, es ermisst sowohl deren Größe als auch deren Erbärmlichkeit. Und so wie die Freiheit nur frei ist, weil sie zwischen dem Guten und dem Bösen wählen kann, so liegt die Dialektik der Lüge ganz und gar in jenem Missbrauch der Macht, der dem erwachsenen Bewusstsein eigen ist. Auch wenn es die Art der Lüge definiert, bestimmt das Bewusstsein jedoch nicht seine spezifische Differenz: Daraus, dass der Lügner in seiner lügenhaften Tiefe nie ganz unbewusst ist, folgt nicht, dass alles Bewusstsein lügenhaft ist. Die Litotes[1] zum Beispiel setzt wie jede ironische Pseudogorie die extreme Spaltung des Bewusstseins voraus, die unendliche Wendigkeit einer Reflexion, die weder länger am Gegenstand noch an sich selbst haftet; dennoch ist die Litotes nicht lügnerisch, sie beabsichtigt im Gegenteil, uns auf dem indirekten Weg der Simulation zur Wahrheit zu führen: Sie verfährt nicht aus Egoismus, sondern stellt uns auf die Probe, um zu sehen, ob wir verstehen werden. Es ist folglich die betrügerische Intention, die den Unterschied macht zwischen der Lüge und den anderen Pseudogorien.

Wir sind jedoch keinen Schritt weiter, wenn wir statt der Lüge den Betrug selbst definieren müssen. Können wir, bevor wir benennen, was genau an der Lüge lügenhaft ist, bestimmen, in welchem Maß das Bewusstsein daran beteiligt ist?

---

[1] [Rhetorischer Topos, der mittels doppelter Verneinung eine distanzierende Bestimmung erzeugt.]

1. Das lügenhafte Bewusstsein

a. – Bewusstsein

Ich nenne es die doppelte Beziehung oder das Verhältnis zweier Verhältnisse.[2] Wie viele ineinander verwobene Urteile verbergen sich in einer simplen Lüge! Der Begriff des Wahren und seines Gegenteils sowie die Kenntnis des Gesetzes, das den Übergang von dem einen zum anderen regelt, all diese Verwicklungen verraten das odysseeische Bewusstsein, den schelmischen, den listigen, den weisen Odysseus, πολυμηχανος Ὀδυσσευς; darin liegt der schöne Hinterhalt. Egoismus macht erfinderisch. Durch einen blitzschnellen Schluss, der vielleicht nichts anderes ist als eine intuitive Sicht auf die Situation, hat der Lügner sein wahres Interesse erkannt und das erforderliche Vorgehen beschlossen, denn selbst der behäbigste Plattfuß legt in diesen Dingen eine unglaubliche Geschicklichkeit an den Tag. Und wie die Reife gleichzeitig das Bewusstsein von sich selbst und von der Jugend ist, so ist das lügenhafte Bewusstsein ein *a fortiori* und doppelt bewusstes Bewusstsein, da es die Naivität einschließt und zugleich überschreitet. Deshalb sagt Platon im *Hippias minor*: Der Lügner, der fähig ist, absichtlich (ἑκών) oder wissentlich zu betrügen, ist dem Aufrichtigen überlegen, denn er kann »das eine wie das andere« – δύναται ἀμφότερα ἐργάζεσθαι, καὶ τὰ ἰσχυρά καὶ τὰ ἀσθενῆ, καὶ τὰ αἰσχρα καὶ τὰ καλά.[3] Nur der Starke kann es sich leisten, schwach zu sein. So wird Odysseus *erst recht und um so mehr* Achilles sein. In Wirklichkeit betont Platon, nicht ohne einen gewissen Zynismus, die paradoxe Überlegenheit des willentlich Lü-

---

[2] [Vgl.] Siméon Petropavlovski, *K philosophii lgi* (»Zur Philosophie der Lüge«) Petrograd, 1906 (russisch).

[3] 374a. [»kann nicht der dem Leibe nach Bessere beides hervorbringen, das Starke und das Schwache, das Hässliche und das Schöne?«] [siehe auch] Ἀμφότερα, 367a, 374e, 375e, 376a.

genden, des Listigen, des πολύτροπος [Vielgewandten], weil
er nicht ernsthaft glaubt, dass man wissentlich Böses tun
kann: das ist der Preis der Wissenschaft, dass die sachkundi-
ge Arglist gegebenenfalls[4] mehr wert ist als naive Aufrichtigkeit. Doch versteht es sich von selbst, dass man die Wahrheit
nicht kennen kann, ohne das Bedürfnis zu verspüren, sie zu
äußern; derart, dass Odysseus schließlich nicht nur die List
verkörpert, sondern auch Tapferkeit, Weisheit und Gerechtigkeit ist, der Ritter des wahren Rechts, der ewige Odysseus,
der die elende Herde der Freier mit dem Schwert verjagt. Dieser Optimismus beruht selbst auf einer intellektualistischen
Auffassung des ἑκούσιος [Freiwilligen], aufgefasst als ganz
und gar spekulativer und kognitiver Geist, das heißt passiv
in Bezug auf die Wahrheit: rezeptive Intelligenz, welche die
Möglichkeit des Falschen begreift, es jedoch weder artikulie-
ren noch von sich geben kann. Sicher ist es unmöglich, die
Evidenz nicht anzuerkennen, denn die Evidenz ist evident
wegen der Universalität der Gründe; doch man kann sich
weigern, sie einzugestehen – und gerade das zeichnet die
Unaufrichtigkeit aus. Zwar hat Malebranche nicht unrecht,
die inneren Vorwürfe der Vernunft gegenüber jenen vorzu-
bringen, die sich dem ewigen Wort widersetzen, aber man
kann immer die Evidenz verneinen, Widerspruch äußern
und sich schließlich nicht überzeugen lassen. Vorsätzlich zu
lügen ist für Platon wohlüberlegtes, absichtliches Handeln,
ἐξ ἐπιβουλῆς [als Vorhaben]; ganz bewusst, also im Wissen
um die Sache: Es ist ein Widerspruch, dass man sich irren
kann, wenn man unterrichtet ist! Indessen wissen wir, seit
uns der christliche Pessimismus den Sinn der Schuld zu-
rückgegeben hat: Das Sagen der Wahrheit ist ein irrationaler

---

[4] 376b εἴπερ τίς ἐστιν οὗτος … [»Der also vorsätzlich fehlt und
das Schlechte und Unrechte tut, o Hippias, wenn es einen solchen gibt,
wäre kein anderer als der Gute.« Hippias: »Auf keine Weise kann ich
dir dieses einräumen, o Sokrates.« Sokrates: »Auch ich nicht mir selbst,
Hippias.«]

und leidenschaftlicher Akt des Willens, und der Wille selbst
ist eine etwas wilde Kraft in uns, die einem anderen Rhythmus folgt als die Erkenntnis; deshalb spricht Descartes zu
Recht von ihrer unendlichen Amplitude. »Video meliora …
deteriora sequor«: In diesem kapriziösen Auseinanderfallen des *probo* und des *sequor*, in der absurden Dichotomie
des *savoir faire* in Wissen und Tun, erkenne ich bereits den
ganzen Wahn, die ganze Barbarei eines Aktivismus, der
nicht auf Transkriptionen des Verstandes zurückzuführen
ist. Ich erstrebe nicht das Gute, das ich bewundere, ich will
das Schlechte, das ich verachte.[5] In der Tat bevorzugen die
Heuchler willentlich und absichtlich das Schlechte, nicht,
weil sie das Wahre nicht kennen würden, sondern gerade
weil sie es kennen, und es gibt fast kein Beispiel dafür, dass
wohlunterrichtet zu sein jemals den Gemeinen von seiner
Niedertracht abgehalten hätte. Lässt diese eigensinnige und
wahrhaft diabolische Böswilligkeit nicht Zweifel am guten
Willen der Menschen im Allgemeinen aufkommen? Deshalb mildert der Vorsatz unsere Verantwortung keineswegs,
er ist vielmehr ein erschwerender Umstand: Der bewusst
Schuldige ist doppelt schuldig, zunächst als Verursacher
und dann als Bewusster, da das Bewusstsein im Laster ein
Laster mehr ist. Wenn die Sünde kein Irrtum, sondern etwas ist, das man absichtlich begeht, dann wird die Lüge per
definitionem die Sünde κατ᾽ ἐξοχήν [schlechthin], nicht un-
bedingt die schlimmste, aber die bezeichnendste, sie wird
zur Quintessenz der Sünde. Denn man lügt niemals, ohne
es zu wollen. Daher ist die erste Lüge eines Kindes auch so
schwerwiegend. Der Tag der ersten Lüge ist ein wahrhaft feierlicher, an dem wir beim Unschuldigen die beunruhigende
Tiefe des Bewusstseins entdecken. Der Unschuldige wusste
also genau Bescheid: für einen Unschuldigen war er ganz

---

[5] [Vgl.] Saint Francois de Sales, *Traité de l'Amour de Dieu* [Ab-
handlung über die Gottesliebe, hg. v. Franz Sales, Wien 1957].

schön aufgeweckt … Woher wusste er das alles? Und seit wann erlaubt man sich, Geheimnisse zu haben, uns etwas zu verheimlichen? »Hört«, empört sich Golaud, »die großen Geheimnisse der anderen Welt sind mir weniger fern als das kleinste Geheimnis dieser Augen!«[6] Und wir entrüsten uns beinahe, als wären wir persönlich in unseren Rechten verletzt, als hätte all dies Reine versprochen, uns ewig seine Reinheit zu bewahren. Woher wissen diese arglosen Augen so viel? Wer hat es sie gelehrt? Doch nein, niemand hat sie etwas gelehrt, das Bewusstsein verliert seine Unbedarftheit von ganz allein, eines schönen Tages entdeckt es seine bewundernswerte Fähigkeit zur Verstellung und List. So ereignet sich das Bewusstwerden ganz plötzlich. Von Nahem betrachtet würde sich vielleicht herausstellen, dass das uralte Thema der weiblichen Perfidie auf seine Weise die Enttäuschung des nachdenkenden Mannes ausdrückt, »conscius sibi, secum exsistens«, der in seiner Gefährtin die Unteilbarkeit der ursprünglichen Naivität vermisst. Denn warum sollte die Naive nicht ihrerseits das Recht haben, unrein und bewusst zu werden? Stellt die Schamhaftigkeit der Frauen nicht jene Dimension des Geheimnisvollen und der Tiefgründigkeit wieder her, die für die Männer eher das Ergebnis von Strategie ist? Die erste Lüge ist also sehr wohl die erste Falte auf der glatten Stirn der Unschuld, die erste von Duplizität kündende Komplikation, der erste Schatten, der das makellose Linnen unserer Arglosigkeit trübt. Ob die Lüge harmlos oder schwerwiegend ist, ändert nichts an ihrer Bedeutung, denn es geht nicht um das Ausmaß der Lüge, sondern um die Intention selbst zu lügen, und es ist diese Absicht, die mit einem Schlag unsere verlorene Jungfräulichkeit bezeichnet: Die geringste Täuschung hat uns unsere unerschöpflichen Möglichkeiten zu spielen und zu betrügen offenbart. Derart ist die äußerste Losgelöstheit des Geistes.

---

[6] [Vgl. Maurice Maeterlinck, *Pelleas und Melisande,* Jena 1913, S. 51.]

Es ist die Existenz *an sich*, eins und unwissend, die sich über sich selbst beugt, um *für sich* zu sein.

Woran man bereits erkennt, dass die Lüge durch eine Disposition des Bewusstseins definiert wird und nicht durch die äußere, nebensächliche Tatsache, die Nicht-Wahrheit zu sagen; die »animi sententia«, sagt Augustinus, und nicht »rerum ipsarum veritas aut falsitas«:[7] Ihr Fall unterscheidet sich folglich nicht von der komischen Intention, der pornographischen Intention oder der erniedrigenden Intention, die in dem Moment unfassbar werden, da man ihren Träger festzulegen versucht. So liegt alles in der Unaufrichtigkeit, ich meine dem verdorbenen Innersten, der Intimität selbst der Lüge. Niemand lügt »optima fide« [guten Glaubens]. Die Lügenhaftigkeit steht gewiss im Gegensatz zur bewussten Wahrhaftigkeit, stärker jedoch noch zum gutgläubigen Irrtum, und ich wage sogar zu behaupten, dass es eine Art gibt, recht zu haben, die schlimmer ist als Hochstapelei und Verleumdung; zum Beispiel wenn man eine Wahrheit ausspricht, die tötet, und wenn man sie ausspricht, um zu töten. Wenn es ein Unrecht ist, recht zu haben, ohne zu wissen warum, ist es ein noch tausend Mal schlimmeres Unrecht, recht zu haben ohne Liebe und ohne Mitgefühl. Daraus bezieht die platonische Unterscheidung des ψεύδεσθαι und des ἐψεύσθαι oder, wie Augustinus sagt, des *mentiens* und des *mendax*,[8] das heißt der Lüge, die ein Akt ist, und der Scheinheiligkeit, die ein Zustand ist, ihren vollen Sinn. Die dem Geiste nach tiefe Wahrheit ist oft wahrer als die buchstäbliche Wahrheit, und die Pseudo-Gewissensfälle der Deontologie sind soviel wert wie Sophismen. Man kann lügen,

----

[7] [Aurelius Augustinus, *Die Lüge und gegen die Lüge,* hg. v. Paul Keseling, Würzburg 1953, S. 3 – »Nach seiner inneren Gesinnung, nicht nach der Wahrheit oder Unwahrheit der Sache selbst«].

[8] Augustinus, *De mendacio*, XI, 18, XIV, 25. – [Aurelius Augustinus, *Die Lüge,* a. a. O., S. 28: »Es besteht ein Unterschied zwischen einem Menschen der lügt, und einem lügenhaften Menschen.«]

indem man die Wahrheit spricht, sagt Stepan Trofimovitch.[9] Daher schlussfolgert Augustinus in seinem *De Mendacio*: Was den Lügner ausmacht, ist zuerst der Glaube, »exquo fit ut possit falsum dicere non mentiens, si putat ita esse ut dicit, quamvis non ita sit; et ut possit verum dicere mentiens, si putat falsum esse et pro vero enuntiat, quamvis revera ita sit ut enuntiat« und dann die Voluntas fallendi: »… Quis potius mentiatur, utrum ille qui falsum dicit ne fallat, an ille qui verum dicit ut fallat, cum et ille sciat vel putet falsum se dicere, et iste sciat vel putet verum se dicere? … ille qui falsum dicendo egit ut verum sequeretur cui dixit, an iste qui verum dicendo egit ut falsum sequeretur cui dixit?«[10] Und ich antworte anstelle des Augustinus, dass es der zweite ist, der dem

[9] Dostojevski, *Les Possedés*, III, 7, 2. [Fjodor Dostojewski, *Die Dämonen,* Dritter Teil, Siebentes Kapitel (Stefan Trofimowitsches letzte Wanderung), 2. Abschnitt: »Meine Freundin, ich habe mein ganzes Leben lang gelogen. Sogar wenn ich die Wahrheit sagte. Ich habe nie um der Wahrheit willen geredet, sondern nur um meinetwillen.« F. M. Dostojewski, Sämtliche Romane und Novellen, 20. Bd., Insel-Verlag, Leipzig 1921, S. 329].

[10] *De mendacio*, liber unus, IV, 5: Der Lügner ist derjenige, »qui volens falsum enuntiat causa fallendi«. Cf. *Contra Mendacium*, ad Consentium. [Vgl. »Daraus folgt, dass man die Unwahrheit sagen kann, ohne zu lügen, wenn man meint, es sei so, wie man sagt, mag es auch nicht so sein, und dass man die Wahrheit sagen und dabei doch lügen kann, wenn man meint, es sei unwahr, und es als wahr ausspricht, mag es auch in Wirklichkeit so sein, wie man sagt. (… Mithin müsste man die Frage aufwerfen,) wer eher lügt: derjenige, der die Unwahrheit sagt, um nicht zu täuschen, oder der, welcher die Wahrheit sagt, um zu täuschen; dabei weiß oder meint ja der erstere, dass er die Unwahrheit sagt, während letzterer weiß oder meint, dass er die Wahrheit sagt. (…) Der erste, der durch das Sagen der Unwahrheit es darauf absah, dass sein Gesprächspartner der Wahrheit folgte, oder der andere, der durch das Sagen der Wahrheit es darauf absah, dass sein Gesprächspartner der Unwahrheit folgte?« *Die Lüge oder gegen die Lüge,* a. a. O., S. 3–5.]

Geist nach lügt, selbst wenn er dem Buchstaben nach die Wahrheit sagt – denn ein doppeltes Herz, ein cor duplex, ist vor allem ein böser Wille, das heißt die Perfidie selbst.

b. – Dauer

Auch wenn wir das Ausmaß des Bewusstseins der Lüge kennen, so wissen wir noch nicht, aus welchen Quellen sie schöpft, noch auf welche Weise der Lügner unter den unzähligen Formen des Falschen auswählen wird. Um die Dinge beim Namen zu nennen, sage ich zunächst, die Zeit ist es, die die Fabulierer durch den unendlich mannigfaltigen Reichtum, den sie akkumuliert, ausstattet. Zunächst lässt die Zeit dadurch lügen, dass sie Organ des Widerrufs ist: Das Selbe wird durch den Zeitablauf ein anderes und dann wieder ein anderes; denn darin besteht das Werden: etwas anderes sein als man selbst, sein, was man nicht ist, bald mehr, bald weniger. Durch eine Art fortgesetzter Alterität bringt das Werden sich selbst ungleiche, sich selbst unähnliche Personen hervor und macht zugleich jede Voraussage zu einer synthetischen. Da aber unsere Ausdrucksmittel – angesichts der unzähligen inneren Wahrheiten, deren Folge unsere Geschichte bildet – nur eine gewisse augenblickliche Treue repräsentieren, die punktuelle Wahrhaftigkeit einer Sekunde, müsste man die Übersetzungen bis ins Unendliche multiplizieren, um der ganzen Wahrheit so nahe wie möglich zu kommen. Welche mehr als menschliche Geduld reichte dafür? Welches dynamische Werkzeug, welche unermüdliche und in jedem Moment gefährdete Aufrichtigkeit? Unvermeidlich wird die Kluft sich verbreitern zwischen dem System der stationären Zeichen und der Kontinuität der aufeinanderfolgenden Gegenwarten, die – alle authentisch, alle absolut – unsere Dauer bilden. Während wir uns dieses klaffenden Risses bewusst werden, keimt die Versuchung, davon zu profitieren, indem wir daraus unsere Alibis schöpfen: Denn diese dehnbare Wahrheit begünstigt in großem Stil Unehrlichkeit und das Ungefähre. So finden wir uns gefangen im Dilemma einer zeitlosen Treue, die – indem sie mehr und mehr von unserer inneren Wahrheit abweicht – lügenhafter wird als die Scheinheiligkeit, oder in jenem einer ihrer Gegenwart stets gewärtigen Aufrichtigkeit, deren Preis jedoch die Verleugnung, der Meineid und die fortwährende Abtrünnigkeit ist. In jeder Minute bietet sich uns so die Möglichkeit der »wahrhaftigen Lüge« – sie gibt die Botschaft eines Augenblicks für ein ewiges Gefühl, für eine Wahrheit an sich aus.

Diese Lügen angesichts des Danach und des Davor, von denen das eine das andere dementiert, betreffen gewöhnlich nur die innere Aufrichtigkeit. Die Dauer ist indessen nicht nur Aufeinanderfolge, sondern Bewahrung – Immanenz der Vergangenheit in der Gegenwart und des Ganzen in jedem Teil; so dass die momentane Treue nicht einmal während des zeitlichen Schnitts vollständig ist, in dem seine Authentizität währte. Unsere Gegenwart überschreitet, indem sie Erinnerungen und Möglichkeiten anhäuft, in jeder Minute ihre Morphologie; unsere Gegenwart kann in ihrer momentanen Form nicht völlig enthalten sein. So häuft sich, im Umkreis und jenseits der Worte, der Sinn, den kein Ausdruck, trotz aller List des Stils, erschöpft. Man muss festhalten: Die Sprache in ihrer jeweiligen analytischen und räumlichen Realität ist diesem Regime der wechselseitigen Implikationen nicht angepasst, und das Bewusstsein des anderen muss seinen Teil beitragen, was den Andeutungen so große suggestive Kraft verleiht. Die Disproportion zwischen Sinn und Zeichen, die Homonymie und schließlich die Polysemie erlauben dem Lügner ein doppeltes Spiel, wie beim Orakel von Delphi: zum Beispiel beim *Missverständnis*, bei dem die Hörer die zweideutige Bedeutung einer Aussage missverstehen und den loyalen Heuchler, der ihre Überzeugung nicht enttäuschen wollte, zum Lügner machen. Diese

Halb-Unaufrichtigkeit der Duplizität hat keine Eile, die Zweideutigkeit aufzulösen, obwohl diese zufällig aus der Paronymie erwächst. Hier liegt der Ursprung des typischen Missverständnisses, jenes der Liebe und der Schwüre, das heißt der feinsten Nuancen des Gefühls – es ist verbunden mit der unterschiedlichen Sinn-Qualität, mit der zwei zunächst gleichermaßen aufrichtige Herzen ein Wort färben. Sie und ich, wir messen ein und derselben Äußerung nicht die gleiche Bedeutung bei, zumindest nicht im selben Augenblick. Unterscheiden wir vom Missverständnis das, was M. Georges Canguilhem das *Nichteingestehbare* nennt, was weder genau das Schamhafte noch das Unbeschreibliche oder Unaussprechliche der apophatischen Theologie meint. Es gibt zwei mystische Haltungen gegenüber dem Unausdrückbaren: die irrationale Intuition … oder das Schweigen. Das »Uneingestehbare« ist jedoch nicht das auf Begriffe im allgemeinen Irreduzierbare: Es bezeichnet vielmehr das sozial Nicht-Kommunizierbare, das man nicht aussprechen, nicht beichten, nicht erzählen kann. Es ist ein persönliches und im Grunde empirisches Geheimnis, das sich durch die Lüge wendet: Während die Mystik relativ erklärend ist, impliziert die Mystifizierung das Aufgeben, den Betrug und die beleidigende Geringschätzung des anderen: »Es würde zu lange dauern, Ihnen das zu erklären, und im übrigen würden Sie es nicht verstehen oder Sie würden mir nicht glauben.« Die simpelsten Dinge, die am einfachsten zu denken sind, lassen sich gewöhnlich so schwer aussprechen! Folglich erfinden wir, aus Angst vor Umständen, etwas Verkürzendes und Glaubhaftes.

Das Missverständnis und das Uneingestehbare repräsentieren vor allem die Ohnmacht der Worte gegenüber dem ungeheuren Reichtum der Gedanken. Es ergibt indessen noch keine Lüge, wenn derjenige, der das Seiende und das Nicht-Seiende durcheinanderbringt, sich zunächst einmal selbst darin verheddert, wenn er selbst Opfer einer Illusion und eines Wortspiels ist. Die Lüge ist Manöver: Sie impliziert die Kontrolle über die eigene Duplizität und das Spiel mit all dem Nicht-Seienden. Während die Polyphonie gleichzeitig mehrere melodische Linien ausführen, den wörtlichen und den übertragenen Sinn zugleich ausdrücken und auch unterscheiden kann, ist unsere Sprache dagegen nicht in der Lage, zwei gegensätzliche Wahrheiten gemeinsam zu bedeuten: Sie muss sie verschmelzen oder aber lügen; die Lüge verformt und verschiebt die Parallelität der kontrapunktischen Stimmen, des gesprochenen Wortes und der inneren Stimme. Denn so wirkt unsere zeitliche Konstitution: Das Bewusstsein stellt, mit Hilfe seines angefüllten Gedächtnisses, die Lehren vergangener Erfahrungen in den Dienst der Zukunft; die Aufmerksamkeit, die ferne Fälligkeiten berücksichtigt, erscheint in diesem Licht als elementare Täuschung, als erste herauszögernde List. Jede Vermittlung im Allgemeinen richtet die Mittel auf den Zweck aus, das bedeutet: Sie tritt zurück, um besser springen zu können, sie leugnet scheinbar und provisorisch das angeblich gestellte Ziel; deshalb rechtfertigt ein Ideal, das um jeden Preis verwirklicht werden soll, die skrupellosesten Konzessionen des Opportunismus und des Probabilismus; der Wille, der durch die Mittel zum Zweck will, will also den in Schwebe gehaltenen Zweck. Die Menschen, sagt *Gorgias*, wollen nicht ὅ ἄνπράττωσιν, sondern οὐ ἕνεκα πράττουσιν ὅ πράττουσιν.[11] Wer zum Beispiel ein Medikament nimmt, will nicht leiden, sondern gesund werden; wer zur See fährt, will sich nicht der Gefahr aussetzen, sondern reich werden. Es gibt jedoch auch andere Strategien als die der Enthaltung. Die Neurologen legen uns nahe, in einem Gehirn nicht nur das Organ der Verschiebung und Lauer zu

---

[11] [Platon,] *Georgias* 467c. Ist nicht die Umkehrung des Bösen ins Gute die Grundlage des epikuräischen Utilitarismus? [»Die Menschen wollen nicht, was sie je tun, sondern das, um dessentwillen sie es tun.«]

erkennen, durch das die Reaktionen sich verzögern, sondern all die unendlichen Möglichkeiten der Steuerung, die
es unserer Intelligenz ermöglichen, jede beliebige Bewegung
in Beziehung zu jeder beliebigen Vorstellung zu setzen. Die
äußerste Handhabbarkeit der sprachlichen Zeichen bedeutet unter diesem Gesichtspunkt für ein Bewusstsein, das
seine erste reflexhafte Spontaneität überschritten hat, den
Gipfel an Geschmeidigkeit und Freiheit. Sind die Begriffe
nicht von allen Symbolen die indifferentesten, die beweglichsten? Wir stehen vor unserem Alphabet wie der Orga-
nist, Demiurg der Töne und souveräner Herr seiner Tastatur,
seiner Pedalen und seines Spiels, am Schnittpunkt willkür-
licher Improvisationen: zungenfertig, vielstimmig und »in
alle Richtungen dehnbar« – so erscheinen die Zeichen für
ein jonglierendes Bewusstsein, das virtuos geworden ist in
der Kunst, das Organ in ein Hindernis umzuwandeln. Diese
Sprache, geschaffen, um auszudrücken und zu offenbaren,
dient uns nun zum Verbergen – oder besser: Die Ausdrucks-
beziehung wird zu einer schrägen und indirekten Beziehung. Die Bedeutung, sagt Augustinus, drückt »aliud ex
alio« aus, das heißt allegorisch. Das ist der ewige Hermetismus des Bewusstseins. So streben die esoterische Poesie
und die Kryptophilosophie von Beginn an danach, die Pro-
fanen durch ihre Bilderrätsel und ihre Chiasmen irrezulei-
ten. Denn dieselbe Dialektik, die je nachdem unsere Techniken dem Luxus oder dem Tod dienstbar macht, macht
aus unserer Sprache ein zweischneidiges Mittel, das ebenso
geeignet ist zu verschleiern wie zu äußern. Präzisieren wir
zudem, dass diese Disjunktion und diese ärgerlichen Über-
kreuzungen keinen Missbrauch oder Fehlgriff bedeuten (als
ob der Mensch, um sich zu isolieren, sich dessen bedienen
würde, was ihm zu kommunizieren gegeben ist), sondern einen inneren Widerspruch, eine notwendige Unmöglichkeit,
in der die ganze Tragik unseres Schicksals liegt: Der Körper
legt zum Beispiel die Seele nur bloß, indem er sie entstellt –

und die Seele muss sich in einem Körper zusammenziehen,
um sichtbar zu werden; dennoch ist die Macht zu betrügen
innerhalb der Macht, sich verständlich zu machen, gegeben,
nicht als ihre sekundäre Wirkung, sondern als ihr Preis – die
Kehrseite der Alternative. Ein simpler Finalismus wird diesen unlösbaren Streit niemals erklären! Dem Zeichen, das
sich in seiner Offenkundigkeit selbst verbirgt, entspricht die
misstrauische Leichtgläubigkeit unserer Ohren und unsere
Anstrengung, in jedem Moment die Disjunktion von Schein
und Sein wiederherzustellen. Die Worte sind jedoch in diesem Spiel nur die beweglichsten Elemente: Durch unsere ge-
samte Persönlichkeit lehrt die Zeit uns zu lügen; und daher
die Heuchelei, die nicht nur ein Betrug ist über das Sagen,
sondern über das Sein im Allgemeinen und die Belot der
Unaufrichtigkeit gegenübergestellt, so wie er die implizierte
Fälschung, die sich auf das Vertragssubjekt bezieht, der Fälschung gegenüberstellt, die den Gegenstand des Vertrags
betrifft.[12] Das Ich ist, ebenso wie seine Gegenwart, in der
Tiefe organisiert, das heißt, es befindet sich niemals ganz
an einem bestimmtem Ort, zu einer bestimmten Zeit: Weit
entfernt davon, aus einem einzigen Stück gefertigt zu sein,
artikuliert es sich in voneinander unabhängigen Abschnit-
ten, es glaubt mit dem Herzen, was es mit dem Verstand zu-
rückweist, verabscheut mit einem kleinen Teil seiner Seele
und bewundert mit einem anderen Teil. Diese Abstraktions-
fähigkeit, deren wahrer Name Unparteilichkeit oder Toleranz
ist und die gemeinhin als ein Zeichen der Zivilisation gilt,
begünstigt sie nicht in erster Linie die Duplizität? Ich allein
kenne von innen her diese Folge verschwindend kleiner Bewegungen, deren Kontinuität meine Biographie bildet. Die
Trennung von Privat- und Berufsleben löst gewöhnlich eine
unendliche Folge von Verdopplungen aus; die Person spal-

[12] [Gustav Belot,] *La Véracité* [Die Wahrhaftigkeit] in: Études de
morale positive, Bd. II [1907], S. 169–208.

tet sich in ebenso viele Gestalten auf, wie es für sie soziale
Situationen gibt, und sie wird dank dieses Polymorphismus
fähig, sich partiell dort zu geben, wo man den totalen, ver-
trauensvollen Menschen erwartete, oder eine Gestalt für die
andere auszugeben: gegenüber dem Beichtvater oder der
eigenen Frau ein intimes Geheimnis verbergen, bei der Be-
fragung durch den Arzt eher als Beamter denn als Kranker
antworten – das sind die zwei typischen Strategeme dieses
facettenreichen Ichs, dieser vielschichtigen Person, die mitunter das Teil als Ganzes ausgibt, das Weniger für das Mehr
und ein andermal einen Teil an die Stelle eines anderen
Teils setzt. Doch die Person analysiert sich darüber hinaus
in imaginären Rollen, die den Gestalten als Masken dienen;
dieser Tauschhandel ist die Hochstapelei im eigentlichen
Sinne; und mitunter täuscht sie sogar durch eine Art Todes-
Simulation vor, sie existiere in keiner Weise. So würde eine
Naturgeschichte der Pseudogorie [unfruchtbare Mutanten]
möglich: Je nachdem, ob es sich um das »Gar nichts«, das
»Etwas anderes« oder das »Gegenteil« handelt, erhalten wir
die *Dissimulation*, die schlicht und einfach die Wahrheit
verbirgt, die *Alteration* oder qualitative Allegorie, die ihre
Natur modifiziert, die *Deformation* oder quantitative Allegorie, die ihr Format vergrößert oder verkleinert, die *Ante-
gorie*, die Lüge »per contrarium«, und die *Fabulierung*, die,
statt zu verschleiern, nach »Strich und Faden« erfindet, wie
Montaigne[13] sagt.

---

[13] [Michel de Montaigne, *Essais,* übers. u. hg. v. Hans Stilett, Frankfurt a. M. 1998, S. 23.]

c. – Der Andere

Wir wissen jetzt, auf welcher Ebene des Bewusstseins die Pseudogorie sich befindet, doch wir kennen weder den spezifischen Unterschied noch den hinreichenden Grund für die Lüge. Wir kennen die zerebralen Mechanismen, doch wir wissen nicht, was die Person erstmalig auf die Idee brachte, zu lügen: Widerspenstig, wie es ist, könnte das Bewusstsein nie erwogen haben, dass man anderes als die Wahrheit sagen kann, noch allgemein darauf gekommen sein, welches Interesse darin liegt, etwas vorzutäuschen. Der hinreichende Grund, der die Lüge zum Betrug, das heißt zur Irreführung macht, ist das soziale Milieu oder exakter (denn das Duo ist bereits ein elementarer Plural) die Gegenwart des Anderen. Es genügen ein *Ich* und ein *Du*, damit sich, ohne direkte Einwirkung, eine bestimmte Strömung entwickelt, die sich aus der bloßen Mit-Anwesenheit ergibt. Es ist der unsichtbare und virtuelle Zeuge, dessen Blick mir die erste Spannung des Auge in Auge auferlegt, die erste schamhafte Befangenheit – »da ist jemand hinter diesem Wandteppich«; es ist der geschätzte Indiskrete, für den die Kokotte sich in Pose setzt. Ob es darum geht, seine Achtung zu verdienen oder seine Konkurrenz auszuschalten, ob er eher meine Eitelkeit herausfordert oder vielmehr meinen Interessen im Weg steht, der Andere weckt – allein durch den Druck unseres In-Beziehung-gesetzt-Seins – in mir die Versuchung, zu manövrieren. Doch erregt dieser Andere mein Interesse nur, wenn er mein Nächster ist, *instar mei*, das heißt, wenn er ist wie ich, obgleich er nicht ich ist.

Das in dieser Hinsicht bevorzugte Verhältnis ist die irreversible und hierarchische Beziehung zwischen Ungleichen (Aristoteles' despotische Beziehung), für die die sexuelle Spannung zwischen Männern und Frauen typisch ist. Der Fremde, das heißt die absolute Einebnung, und der Kamerad, also der Gleiche, mit dem man sich unmittelbar auf

gleicher Ebene befindet, stünden eher für Situationen, die
Aufrichtigkeit begünstigen, denn so schwer man dem einen
etwas vormachen kann, so wenig kümmert einen die hohe
Meinung des anderen. Der Bluff ist nicht ohne virtuelle Sympathie. Und wie sollte einen das wundern? Die Wahrheit ist
nicht einfach das, was ist, sondern sie ist etwas, das man sagt,
und um sie zu sagen, gibt es die Art und Weise und den
Zeitpunkt und all die egoistischen Widerstände, die ihrer
Artikulation entgegenstehen: Es handelt sich folglich um ein
Ereignis, ich meine, einen historischen Akt, leidenschaftlich
und irrational, der sich in einen bestimmten Moment der
Dauer einfügt und der opportun oder nicht opportun sein
kann, so groß ist das Feingefühl der Bewusstseine. Golaud
behauptet, man müsse Sterbenden die Wahrheit sagen: Denn
der Tod, der das Schicksal einer jeden Person hervortreten
lässt, stellt das absolut Ernsthafte heraus, das heißt den totalen Sinn, den er den zerstückelnden Unternehmungen und
Finten des Verbergens entreißt. Wozu also die Artigkeiten
gegenüber dem, der die Dinge sogleich aus dem Blickwinkel
des Orion und des Arkturus sehen, der Alpha und Omega
zusammen erkennen wird. Gegenüber einem Sterbenden
haben weder Scham noch Eifersucht, weder Lächerlichkeit
noch irgendein abgehobenes Gefühl mehr eine Daseins-
berechtigung – denn die endlichen Dinge lügen angesichts
des Unendlichen; und eine Fiktion dieser Ordnung erleich-
tert uns bei der Beichte die transparente Wahrhaftigkeit
der Geständnisse. Man täuscht nicht den, der auf Herz und
Nieren prüft. Die Lüge findet folglich ihren Daseinsgrund
in einer Welt partieller, undurchsichtiger, unvereinbarer Ge-
schöpfe, die einer dem anderen ein Geheimnis bleiben. Alles
in allem ist die Lüge eine Strategie, dazu bestimmt, die Alternative zu befrieden. Ihr wirklicher Ursprung ist die im Wett-
bewerb stehende Rivalität von Egoismen im Kampf um das
Leben, mit anderen Worten, die Unfähigkeit der Menschen,
uno eodemque loco miteinander zu leben. Es gibt zwei Wege,

dieser Konkurrenz zu entgehen, die Folge sozialer Verwicklungen und unentwirrbarer Verstrickungen von Rechten ist:
der erste ist die Gewalt und der zweite der Betrug. Denn so
wie Langeweile die Schwäche der Starken ist, ist List die Stärke der Schwachen, und René Le Senne hat deutlich gemacht,
dass eine aktivistische und unternehmerische Energie der
Lüge entgegen wirkt, indem sie unsere Neigungen nach außen treibt.[14] Der Schwache versucht, den sozialen Hürden
auszuweichen; und so wie man durch Überredung Hinder-
nisse umgeht, die der Kraftanwendung widerstehen würden,
und überzeugen kann, statt zu überwältigen, so wendet der
Lügner eine List gegenüber der Schwierigkeit an, und da
er sie nicht lügen kann, tut er so, als existiere sie nicht; er
täuscht vor und verheimlicht, um durch sein Mogeln kleine Grenzkorrekturen zu erreichen. Da jedoch niemand der
kreatürlichen Fatalität der Alternative entgeht, erweitert der
Betrüger, der Schwarzfahrer seinen Lebensraum in einem
kleinen Bereich einzig dadurch, dass er ihn an anderer Stelle
einengt. Die Lüge ist folglich zugleich gesellig und ungesellig – ungesellig, da das Allgemeine der Unaufrichtigkeit
den Widerspruch einschließt, wie es die erste Maxime des
Kant'schen Imperativs besagt, und gesellig, da die Lüge die
Kanten glättet, das Unvereinbare scheinbar miteinander
versöhnt und das Überschneiden von Interessen weniger
schmerzhaft macht. Alcest, der viel zu Aufrichtige, der Zy-
klopenhafte, der Misanthrop, ist ein Pendant zum Hinterhältigen der *Metaphysik der Sitten*. So wie die Betrachtung
der chronologischen Mechanismen uns vorhin eine formale
Klassifizierung der verschiedenen Pseudogorien nahegelegt
hat, ebenso gestattet uns nun die Sorge um den Anderen,
sie entsprechend ihrer Motive zu klassifizieren: die Lüge

---

[14] René Le Senne, *Le Mensonge et le Caractère* [Lüge und Charak-
ter] (Paris) 1930, S. 76 [»Que *l'activité* favorise la véracité, on peut le
rendre vraisemblable par deux sortes de considérations.«]

zur Bewahrung, jene aus Interesse (pragmatische, ökonomische Lügen), aus Eitelkeit oder Eigenliebe, Übertreibung,
Ausschmückung oder grundlosem Fabulieren – sie alle dienen uns dazu, sich auf die eine oder andere Art in der Welt
bequemer einzurichten, indem wir unseren eigenen Anteil
mehren und die Alternative besänftigen.

Diese dreifache Analyse legt uns indirekt die Bedingungen
der ursprünglichen Aufrichtigkeit offen: Das Unbewusste,
das reflexhafte Momentane und Robinson stellen drei Aspekte einer naiven und arglosen Wahrhaftigkeit dar; das
spinale Wesen ist immer aufrichtig, wie auch die *mens
momentanea*.[15] Wir schulden unser Doppelleben und die
Herrschaft über diese Duplizität der Intelligenz, wie Doktor
Jekyll von Robert Louis Stevenson: glücklich, wenn wir bei
der Führung dieser beiden Rollen, deren eine unsere erste,
die andere unsere zweite Natur ist, den Begriff des Referenz-
systems bewahren! So kann man auch die Aussage Descartes'
in seiner *Vierten Meditation* verstehen: »Und möchte es auch
scheinen, als ob ›täuschen *können*‹ ein Zeichen von Scharfsinn, oder ein Beweis von Macht sei, so bezeugt doch ›täuschen *wollen*‹ unzweifelhaft entweder Bosheit oder Schwäche …«[16] Zeigen wir unsererseits nun die Bedrängnis dieses
maskierten Bewusstseins und die unheilbare Armseligkeit
seiner Betrügereien. *Os quod mentitur occidit animam* [Ein
lügnerischer Mund tötet die Sache].

---

[15] [Gottfried Wilhelm Leibniz, *Aus und zu Spinozas Opera Post-
huma*, Akademie-Ausgabe, Berlin 1966, Reihe VI, Bd. 4: *Schriften 1677–
1699*, S. 1714.]

[16] [René Descartes, *4. Meditation*, in: *Meditationen*, Leipzig: Meiner 1915, S. 45.]

2. Ordo Mendacil und von der Unaufrichtigkeit

a. – Der Lügner ist oberflächlich, angespannt und allein

Es ist der Egoismus, der all das Kleinliche der lügenhaften
Konstruktion bewirkt: Selbst wenn sie langfristig voraus-
schaut, trägt die Lüge niemals weit noch hat sie einen wirklich vernünftigen Umfang; sie impliziert einen Logos, doch
ist es ein kurzsichtiger Logos, eine Sympathie, doch ist dies
eine fehlgeleitete und lieblose Sympathie. Sicher ist Verhan-
deln besser als Gewalt, doch die mitfühlende Schöpfung ist
mehr wert als alles andere, denn sie bedarf keiner Diplomatie, keines Paktes, keiner Alternative. Alles, was gesagt werden kann, ist, dass ich bestohlen werde, ohne es zu merken:
Sobald es Betrug gibt, wird es keinen Mord geben; und so
wie Verachtung Beleidigungen überflüssig macht, so vermei-
det List das Schlimmste. Doch beweist der Wechsel von List
und Aggression nicht den von Grund auf bösen Willen des
Lügners? Die Lüge ist vom Typ der leichten Schwierigkeit
und oberflächlichen Tiefe; Alain vergleicht sie mit allem,
was sich von selbst versteht, Dummheit, Sturz, Unbeholfenheit, Panik und Fehleinschätzungen; die lügenhafte Komplikation hat in ihrer blinden Klarsichtigkeit, wie die Bosheit,
immer etwas Einfältiges. Lügen, so bemerkt Le Senne[17] tief-
gründig, bedeutet den »Verzicht auf entferntere Vorteile der
Wahrhaftigkeit zugunsten näherliegender Vergünstigungen,
welche die Lüge uns gewährt …« Die Lüge ist die innere
Flucht, das Verlassen des Postens, das Opium der geringsten
Anstrengung, und A. Laffay legt seinerseits sehr subtil die
politische Unaufrichtigkeit bloß, die »vor der Schwierigkeit
des Denkens flieht« und sich in globale Systeme flüchtet.[18]

[17] René Le Senne, *Le Mensonge et le Caractère* [Lüge und Charak-
ter], S. 46. Cf. S. 13 [Über die improvisierte Lüge], S. 56, 76.
[18] *Politique et mauvaise foi* [Politik und Unaufrichtigkeit] in der
Zeitschrift »Nouveaux Cahiers«, 1939.

Die Lüge bezeichnet genau den Weg des geringsten Widerstandes. Doch Monsieur Laffay hätte gewiss anerkannt, wenn dies der Gegenstand seiner Untersuchung gewesen wäre, dass die Aktion selbst, die irrationale, historische, militante Aktion mitunter diese massiven Vereinfachungen der Propaganda und der Unaufrichtigkeit erfordert: Will man der Stärkere sein, dann drängt die Gefahr, die tödliche Bedrohung, der absolute Zwang, Mittel zu gebrauchen, die ihrem Zweck nicht allzu genau entsprechen; die Notwehr zwingt zum Ungefähren und zum Erledigen des Dringendsten: Für Wahrhaftigkeit wird später immer noch Zeit sein. Die Rhetorik weiß es wohl: Sie verteidigt ihre Thesen vor allem, um massiv vorzugehen; und so sind es angeblich die Fakten selbst, die uns anstelle eines skrupelhaften Radikalismus den revolutionären Probabilismus diktieren. Wie dem auch sei, die nicht von einer immanenten Gefahr erzwungene Lüge stellt durchaus die Einfachheit, das ökonomische Minimum dar. Aufrichtig sein heißt, getreu das Gegebene, was es auch sei, wiederzugeben, selbst wenn es asymmetrisch, unerwartet und ein wenig fremd ist; die Lügen der Ausschmückung wirken im Gegensatz dazu wie die fabulierende Phantasie, welche die mittelmäßige Realität ergänzt und retuschiert, falsche Fenster hinzufügt und schließlich den Möglichkeiten dazu verhilft, sich durch einen ontologischen Sophismus, der immer am Werke ist, zu aktualisieren. Um zu wissen, dass die Natur schlicht ist und fortwährend das pittoreske oder exemplarische Bild, das man sich von ihr macht, enttäuscht, bedarf es einer ständigen Anstrengung der Anpassung an das Gegenwärtige. Diese Anstrengung, mittels derer wir dem automatisch Romanhaften der Fiktion entsagen, ist es, was man Unparteilichkeit oder Objektivität nennt. Aufrichtigkeit hat ihren Preis. Ein leeres Feld nicht auszufüllen, sich der Versuchung entgegenstemmen, zu idealisieren, zu verallgemeinern, zu übertreiben oder zu antizipieren, die halluzinatorische Raserei

der Neigungen unterbrechen, sich schließlich dem Nach-
helfen verweigern, all das erfordert ziemlichen Anstand
und sich stets bewährende Genauigkeit. Zwischen dem
minutiösen Realismus Mussorgskis und der oratorischen,
konventionellen und summarischen Logik der Oper liegt,
so meine ich, die ganze Breite dieser Bescheidenheit. So
flieht der Angeber und gibt der Trägheit des Gefälligen nach.
Doch durch eine gerechte Umkehrung der Dinge arbeitet
die undankbare Übereinstimmung mit der Gegenwart für
die Zukunft, und die faule Flucht in die Zukunft ist dagegen die wirkliche mangelnde Voraussicht; denn die Lüge
ist ebenso wie das Laster oder die Ausschweifung letztlich
die Herrschaft des Augenblicks: Weiß sie, dass sie im Ge-
genzug für unmittelbare Befriedigung vielleicht eine lange
Reihe von Unannehmlichkeiten in Kauf nimmt? Hat sie die
ruinösen Folgen des Handels, auf den sie sich einlässt, wirklich ermessen? Der Lügner ähnelt dem Schüchternen, der
sich aus Willenlosigkeit oder Feigheit außergewöhnlichen
Komplikationen aussetzt, die der normale Wille nicht kennt:
Er wird die unverzeihliche Leichtfertigkeit seiner Lösung
bedauern, die ganz und gar für das Nächstliegende und die
gerade verstreichende Minute gedacht war. Tatsächlich geht
ein Logos, der dieses Namens würdig ist, ein vernünftiger
Logos, nicht ohne ein nominalistisches Denken einher. Die
Lüge ist ausreichend synoptisch, um mit der Gelegenheit zu
tricksen, doch nicht genug, um die totale Dauer mit dem Interesse eines Augenblicks zu vergleichen, – denn der Lügner
würde an der Grenze der Totalisierung die Wahrheit sagen,
so wie sich die Utilitaristen dem Altruismus anschlössen.
Gilt die Erinnerung als tiefer denn die lebendige Empfin-
dung unter dem Vorwand, dass sie dem Gefälle der rou-
tinierten Assoziationen folgt? Als eine einseitige Konstruktion, gleichermaßen fern und sehr nahe, ist die Lüge letztlich nichts als ein betrügerischer Logos, eine mühevolle
Spekulation, welche die Schwierigkeit flieht, anstatt sie

zu lösen: eine Nachlässigkeit und ein »einstürzender Diskurs«.[19]

Daraus folgt, in zweiter Linie, ihr artifizieller und labiler Charakter. Das ist nicht erstaunlich: »Die Wahrheit scheint sich in uns zu bilden, die Lüge wird durch uns gemacht.«[20] Zweite Natur, unaufhörlich durch einen Willen von neuem gewollt, hat die Lüge nicht das unerschütterliche gute Gewissen des Wahren auf ihrer Seite. Das Wahre wird sich *a fortiori* bewahrheiten; es muss sich früher oder später, zumindest wenn sich der Leibhaftige nicht einmischt, als wahrscheinlich erweisen, da es wahr ist und das Wahrscheinliche ihm ähneln muss; denn wer am meisten vermag, vermag am wenigsten. Dostojevski musste alle Wahrscheinlichkeiten gegen Dimitri Feodorowitch zusammentragen, damit der Unschuldige durch einen Kunstgriff als schuldig erscheint. Die Lüge ist im Gegenteil der Zustand des Alarms und der Schlaflosigkeit: Da ihre Konstruktionen nicht existieren, müssen sie in jedem Moment bekräftigt und durch eine fortwährende tatsächliche Schöpfung gegen die Dementi des Realen verteidigt werden; ein Moment der Unaufmerksamkeit, und das Kartenhaus stürzt ein. Diese Zerbrechlichkeit ist der Preis der approximativen Mythologien, die der Faule, der Kleinmütige so gern erdichtet. Eine erste Unwahrscheinlichkeit zieht eine ganze Reihe sich auseinander ergebender und miteinander verketteter Unwahrscheinlichkeiten nach sich, von denen jede die vorangegangene rechtfertigt; und so ufert eine kleine Täuschung, eine Gelegenheitslüge allmählich zu einer systematischen Falschheit aus. Mitunter entsteht so ein ganzes Doppelleben infolge irgendeiner improvisierten Schwindelei, bedrängt vom Druck der Zeugen. Wie einfach ist es, transparent und loyal zu bleiben, wenn man einmal begonnen hat, die Wahrheit zu sagen. So leicht und natürlich

---

[19] Alain, *Préliminaires à l'Esthétique*, Paris 1932, S. 227.

[20] René Le Senne, a. a. O., S. 7.

die Wahrhaftigkeit ist, so sehr verrät die Lüge das prekäre
Gleichgewicht, die gespannte und ständig bedrängte Situation. Was man den Protest oder Widerstand des Wahren
nennt und was unsere ganze verdächtige Unbeholfenheit als
Lügner ausmacht, ist nur ein anderer Name für diese hinfäl-
lige und allzu bereitwillige sekundäre Folge. Ich weiß nicht,
ob sich, wie man behauptet, die Reaktionszeit bei Lügnern
verlängert, denn konvulsive und impulsive Eile ist nicht weniger suspekt als Zögern, doch ich weiß, dass selbst die Hart-
näckigsten nicht sicher sind, die unfehlbare Kontrolle über
ihre Pseudogorien zu bewahren, und dass sie nicht als Letzte erröten werden, wie schamlos und unverfroren sie auch
seien mögen. Wer kann für seine vollkommene Schamlosig-
keit garantieren? Der Untersuchungsrichter zum Beispiel
bringt das schlechte Gewissen dazu, sich »zu verplappern«,
um durch die Verwirrung die den Betrug offenbarende Un-
sicherheit hervorzulocken; er belauert und spürt die leich-
testen Hinweise von Schwäche auf – eine Veränderung der
Stimme, ein plötzliches Erröten, den fliehenden Blick der
Unwilligkeit, das kaum wahrnehmbare Lächeln im Mund-
winkel, das das beginnende Auftauen unserer Ernsthaftigkeit verrät und die Rache der naivsten Gradlinigkeit über die
Simulation andeutet; er entdeckt schließlich die Scharniere
der Unschuld in diesem Panzer aus Betrug und Mythos. Die
lügenhafte Behauptung hätte jedoch kein belastetes und un-
reines Gewissen, wenn ihr eigenes Ungleichgewicht sie nicht
in Atem hielte und befürchten ließe, entlarvt zu werden.

   Das Konto der Lüge ist belastet, nicht allein durch ihre
Trägheit und Anfälligkeit, sondern auch durch die Einsamkeit, in die sie sich selbst einschließt. Die wahre Strafe für
die Spieler ist der Verlust ihres Selbstseins: Da sie nicht mehr
die sind, die sie sind und die sie unter Schweigen begraben,
noch jene, für die die anderen sie halten und die sie lediglich
durch Betrug sind, muss man schlussfolgern, dass sie überhaupt nichts mehr sind. Es sind leidende Seelen, gespenster-

hafte Bewusstseine, und ich stelle mir vor, dass selbst Liebe oder Bewunderung, die andere ihnen eventuell entgegenbringen, schmerzt, da sie nicht ihrem Selbstsein gilt, sondern der Rolle, die sie spielen. Die Lüge macht folglich aus dem Ich ein Gespenst; die Lüge kleidet dieses Gespenst in ein isolierendes Gewand, das die aus dem Nicht-Ich hervorgehenden Bewegungen aufhält oder abbricht und schließlich jede von menschlicher Liebe ausgestrahlte Wärme abfängt. Unter diesen Umständen sehe ich nur zwei Mittel der Abhilfe: das erste wäre, eines schönen Tages durch einen Akt plötzlicher und schmerzhafter Aufrichtigkeit aus der Rolle herauszutreten, das andere verlangt so sehr das Aufgehen in ihr, dass die zweite Natur zur ersten wird, so dass das Gewand mit der Haut eins wird. Die erste Lösung ist schmerzhaft, da sie einen scharfen Schnitt mitten im Betrug bedeutet, das tragische Geständnis, das *mea culpa* Nikitas am Ende von Tolstois *Macht der Finsternis*.[21] Was die zweite Möglichkeit betrifft, die der Art der Mythomanen entspricht, so ist sie etwas illusionistisch, wenn auch weniger chirurgisch: denn sie bewirkt, dass man zwar seiner eigenen Fabel glaubt, aber nicht, dass diese auch effektives Geschehen wird, und es gibt keine Magie, keine Suggestion, die hier die ontologische Umwandlung des Glaubens zur Existenz ermöglicht. Folglich kann man dem Hochstapler zur Heilung seiner Einsamkeit weder das einschneidende Geständnis noch die Homöopathie der Lüge empfehlen, ich meine die ins Extrem getriebene Heuchelei, ohne jegliche Beschränkung auf sich genommen und im äußersten Fall vom Glauben ununterscheidbar.

---

[21] [Vgl. Leo Tolstoi, *Macht der Finsternis,* hg. v. Werner Crentziger, München 1979, S. 110 ff.]

b. – Das Entziffern der Lüge

Die Ohnmacht des Betrogenen ist jedoch noch größer als
die Machtlosigkeit des Lügners. Während die Ironie ihr
Publikum, provisorisch und um die Wahrheit leichter zu
suggerieren, zum Narren hält, führt die Lüge das ihre de-
finitiv in die Irre; es ist nicht einmal ein Umweg, den sie
uns aufzwingt, wie in einem Salon, wo die wohlerzogenen
Diplomaten sofort erraten, was von den Euphemismen
und Umschreibungen des mondänen Protokolls zu halten ist und was nicht. Nein, die Lüge strebt einzig danach,
uns in den Labyrinthen des Irrtums fehlzuleiten, und dort
lässt sie uns allein, sogar ohne die helfende Chiffre, die
man beim Schopf packen muss und die uns leitend vom
Weg ab führt; wie beim Blindekuh-Spiel versetzt man uns
in Schwindel, um uns gänzlich zu verwirren. Daher dieses
schwere, eingemauerte Etwas, das der Lüge eigen ist und
uns manchmal ungewollt Auskunft über den Charakter
des Lügners gibt, das heißt, eine indirekte psychologische
Wahrheit ausdrückt, nicht jedoch die eigentliche Wahrheit … Man spürt in ihr nicht den dialektischen Elan und,
jenseits des Buchstabens, das andeutungsvolle, hoch hinaus
Führende. Wie leicht, dynamisch und luftig erscheint die
Ironie gegenüber dem Betrug und seinen Opfern! Das Wort
ist hier nicht mehr festhaftend, sondern transitiv, und das
zum übertragenen Sinn erhobene Bewusstsein federt auf
elastischem Boden wie eine Kunstreiterin. Die Ironie will
nicht geglaubt, sie will verstanden sein; für sie und nicht für
die Lüge existieren diese ἐπιβάυεις τε καὶ ὁρμαί [Voraus-
setzung als Einschritt und Anlauf], von denen im sechsten
Buch des *Staates* [von Platon] die Rede ist, und besser noch
die ἐπαναβασμοι [Stufenleiter] des *Gastmahls*;[22] sie ähnelt
einer Kokotte, die etwas herbeiführen möchte und die,

---

[22] [Platon, *Symposion*] 211c [übers. v. Otto Apelt, Hamburg 1981, S. 111].

indem sie zu fliehen vorgibt, ihre Verehrer auf den richtigen Weg lenkt; sie richtet es so ein, dass ihre Rätsel verstanden werden, und enttäuscht im Grunde nur jene, die
nicht wert sind, es herauszufinden. Der Ironiker ist demnach der Erste, der hereingelegt wird, wenn man ihn beim
Wort nimmt – gibt man vor, ihm zu folgen, spielt man ihm
mitunter einen rechten Streich: Was Gutgläubigkeit wäre
gegenüber einem Lügner, ist hier feinste List. Der wirklich
Betrogene ist dagegen derjenige, der sich am wenigsten
naiv dünkt und siegreich diese Allerweltshieroglyphe
durchschaut, dieses Rätsel, das so gestellt ist, dass man es
errät. Fassen wir zusammen. Die Ironie, die gute Führe-
rin, lenkt den Geist zur Innerlichkeit zurück, während
die Lüge ihn im Äußerlichen zurückhält und sich selbst
hinter den Worten verbirgt – denn die Worte sind nicht
mehr Durchgangsort, sondern ein Schirm. Die eine macht
durch ihre Redeweisen unseren Glauben geschmeidiger,
die andere missbraucht ihn: Diese vertraut unserem Talent
als Interpreten, unserer Virtuosität in der Kunst, zwischen
den Zeilen zu lesen, jene nutzt unseren natürlichen Hang
zu glauben aus; denn so, wie jede Behauptung dazu neigt,
kategorisch zu werden, drängt aller Glauben von sich aus
zum Absoluten; und die grenzenlose Leichtgläubigkeit der
Zuhörer entspricht dem keinen Widerspruch duldenden
Dogmatismus der Redner. Die Lüge, die unseren Glauben
in Richtung ihrer interessegeleiteten Zwecke beugt oder
umlenkt, sie ist im wörtlichen Sinne ein Vertrauensdieb-
stahl; sie will uns nicht einreden oder weismachen, was
sie denkt, sondern, wie die Tautegorie, was sie sagt. Daher kann es keine Gemeinschaft in der Lüge geben. Der
Ironiker wendet sich an seinesgleichen, an Bewusstseine,
die seiner würdig sind, fähig, ihn durch Andeutungen
zu verstehen und den Weg, den er genommen hat, in
umgekehrter Richtung zu gehen. »Wer verstehen soll,
der wird immer verstehen«, wie Tolstoi im *Tod des Iwan*

Iljitsch[23] sagt, und der letzte Tölpel entwickelt plötzlich, ohne dass man ihm Lichter aufsetzen müsste, eine unglaubliche Geschicklichkeit im Erraten der Nuancen, im Lesen der Mimiken und im Entziffern von Hintergedanken: Es ist beispielsweise unnötig, eine aphrodisische Anspielung hervorzuheben, um sofort von allen verstanden zu werden; in diesen Dingen ist der taubste Infanteriefeldwebel dem agilsten Feingeist ebenbürtig und die geringsten Anspielungen finden ein Publikum. Die Lüge richtet sich dagegen an Niedere; keineswegs, um sich mit ihnen gemein zu machen, nicht einmal, um, wie mit einem ungehobelten Klotz, ihm in letzter Minute aus der Klemme zu helfen; sondern vielmehr, um dem Rätsel beim Ertrinken behilflich zu sein. Das ist durchaus in Ordnung. Während die Ironie ihre eigene Chiffre in sich trägt (ob mit oder ohne ironische Betonung, die Stimmlage ist schon aufschlussreich genug), bleiben die Chiffren der Lüge der lügenhaften Aussage stets äußerlich; man erschließt sie durch Überlegung oder durch bestimmte, aus der Erfahrung gewonnen Indizien: »Cherchez la femme« (man muss nach der Frau im Hintergrund suchen), »is fecit cui prodest« … Am Betrogenen selbst ist es, so er kann, das Kryptogramm mit Hilfe dessen, was er vom Leben und seinem Umgang mit Menschen weiß, zu entziffern. Harmlos sind die Lügen, deren Chiffre am simpelsten ist, in dem Sinne, dass eine automatische Reduktion ausreicht, um ihre Deutung zu korrigieren. Zum Beispiel: Halbiere bei einem Marseiller; addiere fünf Jahre, wenn eine Frau ihr Alter nennt usw.…, das ist der übliche Tarif. Der typischste aller Fälle ist jener der konventionellen Lügen des Feilschens, wo jeder auf eigene Rechnung und in seinem tiefsten Inneren den Partner einer kompensatorischen Regulierung unterwirft; das dialektische Gesetz

---

[23] [Leo Tolstoi, *Der Tod des Iwan Iljitsch*, in: ders., *Die großen Erzählungen,* Frankfurt a. M. 1961, S. 83.]

von Angebot und Nachfrage will, dass der Verkäufer seine
Ware überschätzt, während der Käufer ihren Wert herab-
setzt, wobei jener vortäuscht, sich nicht von ihr trennen zu
wollen, und dieser so tut, als hätte er keine allzu besondere
Lust auf sie, wobei der eine imaginäre Angebote anführt,
die er erhalten hätte, während der andere sich auf sogenannte Gelegenheiten beruft, die er gefunden hätte. Der
gute Händler verlangt zuviel, um genug zu erhalen, während der gute Kunde sowenig wie möglich bietet. Solcherart
ist das Spiel, die doppelte Komödie, die sich Produzent und
Konsument gegenseitig vorspielen. Wenn die beiden Ver-
handlungspartner sich auf ihre wechselseitige Erpressung
versteifen, gibt es keinen Grund dafür, dass der unlösbare
Streit jemals ein Ende findet: Festgefahren zwischen einem
zu hohen und einem zu niedrigen Angebot, gelangt der
Handel an seinen toten Punkt. Das ist die Sackgasse, das
Gleichgewicht der Unentschiedenheit der Verhandlungen.
Damit die Verhandlung wieder in Gang kommt, damit die
Angelegenheit vor dem Ende aller Zeiten zu einem Ab-
schluss gelangt, muss einer der Partner nachgeben, indem
er klein beigibt und der ganzen Transaktion wieder auf die
Beine hilft; zu einem bestimmten Moment muss also einer
der beiden aufhören, auf die Unaufrichtigkeit des anderen
zu setzen. Das Verhältnis des Klägers zum Angeklagten in
einem Prozess beruht auf einer ganz ähnlichen Spekulation,
und die Rolle des Richters, der in diesem Fall den Logos
repräsentiert, besteht häufig darin, durch wechselseitige
Korrektur ihrer Lügen den Streitfall zwischen den Parteien
zu schlichten, so wie wir die mittlere Position zwischen den
gegenteiligen Übertreibungen zweier Kriegsparteien ein-
nehmen. Nuancierter ist gewiss die Hermeneutik, die der
Humor von uns verlangt, der mondäne Humor mit seinen
Euphemismen, Umschreibungen, Litoten und seiner iro-
nischen Emphase. Sagt eine Frau ja, muss man verstehen
vielleicht, und sagt sie nein, dann meint sie ja … Wie soll

man sich da zurechtfinden! Der eine übertreibt und der
andere notiert zu niedrig. Übertreibung, Nachgiebigkeit,
Schmeichelei – es gibt nicht eine Chiffre, es gibt hundert
Chiffren, und selbst das, was die englischen Epistemolo-
gen die persönliche Gleichung nennen, ersetzt in diesen
Belangen nicht den Instinkt des Herzens, diesen Geist der
Feinheit, der auf Anhieb errät, in welchem Sinn die Worte
zu verstehen sind. Die Komplexität dieser Chiffren ist jedoch nichts im Vergleich zu den Chiffren der Lügenhaftigkeit. Hier genügt es nicht, hinzuzufügen oder abzuziehen,
je nachdem, ob die Uhr vor- oder nachgeht, besser noch
(wenn man ein anderes Bild vorzieht) nach rechts zu zie-
len, wenn das Gewehr nach links zieht, nach oben, wenn es
nach unten zieht. Die persönliche Gleichung, sofern man
von einer Gleichung sprechen kann, müsste eine momentane sein. Denn es reicht nicht zu sagen, die Uhr geht nach
oder sie geht gleichmäßig zunehmend immer stärker nach
oder sie geht in variabler Steigerung, jedoch regelmäßig
nach. Manchmal geht sie nach und manchmal geht sie vor
und manchmal zeigt sie sogar die richtige Zeit an: Sie ist
umso irreführender, da sie es nicht immer ist, wie es Pascal
von der Imagination sagt – denn zu allem Unglück haben
auch der Verleumder, der Mythomane und der Verfolgte
manchmal recht! Es wäre zu schön, wenn man immer nur
das genaue Gegenteil ihrer Fabeln zu wählen bräuchte, um
die Wahrheit zu finden… Tausend Wege weichen ab von
der Farbe weiß, einer nur führt hin, sagt Montaigne,[24]
daran erinnernd, dass die Pythagoräer das Gute dem Endlichen und Gewissen, das Böse dem Ungewissen und Unendlichen gleichsetzten. Man muss daraus seine Schlüsse
ziehen, die falschen Gemälde sind fast immer signiert, ja
sogar daran kann man sie erkennen. Nur die Papiere der

---

[24] [Michel de Montaigne] *Essais,* I, 9 (*Des menteurs*) [Über die
Lügner, a.a.O., S.23].

ehrlichen Bürger sind nicht in Ordnung. So ist er leider, der verwirrende Machiavellismus der Lüge; manchmal gönnt er uns das Almosen einiger kleiner überprüfbarer Wahrheiten, um die Spuren vollends zu verwischen, so dass wir nicht mehr ein noch aus wissen. Das ist die Kindheit der Kunst. Denn derart ist der Hohn der sprachgewandten Lüge, schönredend und überzeugend.[25] Eine Wahrheit, die nicht danach aussieht, die schlicht und unbeholfen daherkommt – liegt nicht darin für Pascal und Kierkegaard der ganze Skandal der Christologie? Das Wahre, meint Dostojevski,[26] ist immer unwahrscheinlich; erst die Lüge lässt es wahr erscheinen! Wahrhaftig, wenn man es für lügenhaft hält, lügenhaft, wenn man es aufrichtig glaubt, unvorhersehbar und ungreifbar wie das Bewusstsein, wie könnte die Lüge ein eindeutiges Kriterium gelten lassen? Es gibt kein »Raster« der Lüge. Um ihr Spiel zu verstehen, sehe ich nur ein Mittel, und dieses Mittel heißt Intellektion oder, was auf dasselbe hinausläuft, gnostische Liebe.

Ohne Zweifel ist ein betrügerisches Bewusstsein auf seine Art allmächtig, da niemand Zugriff auf die unerschöpfliche Tiefe der persönlichen Vergangenheit hat. In jeder Einsamkeit erkenne ich deshalb eine unendliche und beinahe übernatürliche Kraft, die Kraft des Geheimnisses, die stärker ist als der Tod. Auf direktem Weg erreicht man nichts, und genaugenommen wird selbst Folter das Geheimnis dieses Willens nicht herauspressen, es sei denn durch einen monströsen Handel, da es kein gemeinsames Maß gibt zwischen dem erlittenen Leid und der Macht zu verbergen. Stärke der Schwäche, gefürchteter als die offensivsten Waffen! Gute

---

[25] Honoré de Balzac, *Oberst Chabert* [München 1976, S. 663].

[26] [Fjodor Dostojewski, *Die Dämonen,* Zweiter Teil, Erstes Kapitel, 2. Abschn.: »Mein Freund, die echte Wahrheit ist immer unwahrscheinlich.« (Fjodor Dostojewski, *Sämtliche Romane und Erzählungen,* 19. Bd., Insel-Verlag, Leipzig 1921, S. 18).]

Rüstung der Lüge, an der die Gewalt abrutscht, ohne dass sie auch nur einmal ihre Muskeln spielen lassen konnte! Das Verbot der Lüge, wie die Boykottierung des Einsamen, erklärt sich also nicht nur aus den sozialen Mechanismen, die der Lügner stört, sondern durch die gefährliche Leichtigkeit seines Betrugs. Alles kann gesagt, wenn nicht gar getan werden. Man kann nicht gegen den Determinismus auf die physische Welt einwirken, doch die Sprache steht sehr wohl zu unserer autokratischen Verfügung, ganz nach unserem Belieben … Wo wird der Lügner innehalten? Wer kann ihn daran hindern, sich seiner manipulierten Klaviatur zu bedienen, das Spiel der Zeichen nach Gutdünken zu fälschen? Das ist ein Spiel, das wir alle souverän beherrschen. Es geht also darum, den Betrüger um jeden Preis zu entmutigen, ihn unter Quarantäne zu stellen und zu terrorisieren und ihn vor allem glauben zu lassen, dass man sein Spiel durchschaut: Da sich die Lüge nicht bezwingen lässt, muss man versuchen, sie durch eine andere Lüge zu überführen. Wohlgemerkt, von all dem ist nichts wahr: Die Worte sind von Natur aus verfügbar und man kann sie ungestraft missbrauchen, ohne dass sie explodieren; lügt man am Telefon, gibt es keinen Kurzschluss, der Strom fließt für die Lüge ebenso wie für die Wahrheit. Definiert diese Straffreiheit, diese Indifferenz der »immanenten Gerechtigkeit«, aus der die Pessimisten seit jeher Argumente gegen die Vorsehung und die Theodizee ziehen, nicht im Gegenteil unsere menschliche Verantwortung? Welch ein Hohn des Schicksals! Die Menschen sündigen und es geschieht nichts, kein Himmelsfeuer fällt auf den Sünder, nicht, weil der Himmel leer wäre, sondern damit, in Abwesenheit von Wundern, die Würde und Einsamkeit des moralisch Handelnden offensichtlicher seien. Wie dem auch sei, der Lügner ist hier in der gleichen Situation wie der Falschmünzer und der Lüsterne: Ist es nicht die Leichtigkeit des Missbrauchs, welche die unangemessene Strenge der sexuellen Tabus erklärt? Es soll also verhindert werden, dass der Lügner seine furchterregenden Macht bis zum Ende ausschreitet.

Glücklicherweise ist diese gefährliche Macht im Grunde leicht zu durchschauen. So wie es im Buch der *Weisheit* geschrieben steht: »tumultus murmurationum non abscondetur« [kein leises Murren bleibt ihm verborgen]. Der Lügner mag sich noch so verkleiden, er kommt nicht umhin, durch seine Verkleidungen selbst eine gewisse Art von Wahrheit sichtbar zu machen: die Wahrheit der Lüge, ebenso unvermeidbar wie die Intelligibilität des Absurden oder die Ordnung der Unordnung, die obligatorische Wahrheit, die sich unter den sie entstellenden Tricks unaufhörlich regeneriert. Schließlich ist der Lügner sehr wohl, was er ist, auch wenn er nicht das ist, was er zu sein vorgibt. Darin ist der Lügner wie die Verleumdung selbst: ein anonymer Brief ist eine Tatsache, die man berücksichtigen muss, auch wenn man ihn in den Papierkorb wirft … Wer hatte ein Interesse, ihn zu schreiben? Und warum an mich? Warum über diesen? Warum jetzt? Diese Komplikationen lösen sich nicht auf, weil wir in unserer Seelengröße beschlossen haben, sie für nicht existent zu halten. Man muss sich demnach die Verleumdungen anhören, nicht um zu glauben, was sie uns weismachen wollen, nicht um dem zuzustimmen, was sie uns suggerieren, nicht um ihnen dorthin zu folgen, wo sie uns hinführen, sondern um sie zu *interpretieren*; und was ist interpretieren, so frage ich, wenn nicht das Dechiffrieren dieser »Tatsache des Verleumdens«, welche die sekundäre Wahrheit des Betrugs darstellt und die selbst die machiavellistischsten Tricks nicht ausrotten können? Kein Rauch ohne Feuer, flüstert das Publikum angesichts der falschen, sofort dementierten Gerüchte. Folglich gibt es *Wahres* in der Lüge, auch wenn sie nicht *das Wahre* ist: Die Lüge ist »etwas«, τι, und keineswegs Nicht-Seiendes: eine Teilwahrheit, das heißt, eine Art indirektes Zeugnis über die Wahrheit. Dieses relativ Wahre der Wahrheit gilt es herauszufinden. Das Spiel, sagt Aristoteles,[27] ist kindisch, doch die Tatsache, dass man spielt, ist ernsthaft. Wie die Krankheit auf ihre Weise eine Erscheinung des Lebens ist, so sind die Fälschungen soziale und historische Tatsachen: Der Pseudo-Dimitri[28] ist für den Historiker ebenso wahr wie der echte, und Fälscher, Plagiatoren und Hochstapler erscheinen auf ihrem Gebiet als charakteristische Zeugen. Gehören die Irrtümer über die Lehren nicht ebenso wie die Lehren selbst zur Geschichte der Philosophie? In die komplexe und totale Wahrheit gehen so die einfache Wahrhaftigkeit und die sie brechenden und entstellenden Lügen als Bestandteile ein. Was sagt das anderes, als dass die psychologische Wahrheit des Menschen seine physische oder wörtliche Wahrhaftigkeit unendlich übersteigt. Ohne Zweifel bringt diese menschliche Wahrheit die natürlichen Wahrheiten durcheinander und gerät selbst in Verwirrung, da das Bewusstsein kein klares Spiegelbild der Welt ist, sondern eher das undurchsichtige Milieu, das diese verformt; und dennoch ist alles in gewissem Sinn Teil unserer psychologischen Wirklichkeit, selbst die Täuschungen und Vorurteile. Auf den Apriorismus, der keine Hoffnung auf Aufrichtigkeit und eindeutige Wahrheit im Allgemeinen hat, antwortet hier die unendlich fortschreitende Intelligibilität der lügenhaften Kryptogramme; letztlich wird der Heuchler auf seine Weise und ohne es zu wollen die Wahrheit gesagt haben, oder er wird vielmehr diese Wahrheit, die er nicht ausspricht, in Person sein: Am Ende wird der Lügner dennoch wahrhaftig gewesen sein. An uns ist es, verstehen zu können. Der Faule würde gern ausschließlich mit der Lüge zu tun haben, um nicht verstehen zu müssen; doch das Wahre, das sich unaufhörlich im Irrtum neu formt, hält uns wach durch den

---

[27] [Aristoteles, *Nikomachische Ethik,* 1176 b 22.]
[28] [Der sog. ›falsche Demetrius‹, Sohn v. Iwan Grosny, als Zehnjähriger 1591 von Boris Godunov ermordet.]

ständigen Aufruf zur Deutung. Die Apokryphen werden authentisch für jenen, der über den Schlüssel, das heißt über das Gesetz der Übertragung verfügt. Während jedoch die Chiffre der historischen Fälschungen eine einfache ist, und sei es nur, da die Quelle unvorhersehbarer Fälschungen endgültig erschöpft ist, fordert der lebende Fälscher mit all den Überraschungen und Neuheiten, die er mit sich bringt, eine bewegliche Anpassung unserer Entzifferungen. Diese Lektüre im Unendlichen nenne ich Intellektion, sie erlaubt uns, das Subtile einzuholen und ihm zuvorzukommen, noch gewandter als es zu sein, noch bewusster. Das heißt verstehen. So setzt jedes Bewusstsein jenseits seiner selbst ein Überbewusstsein voraus, das umfassender als jenes und dessen Bewusstsein ist. Dieses mehr als odysseeische Bewusstsein ist die Aufrichtigkeit … darunter verstehe ich nicht die »eingeschlossene« Aufrichtigkeit der Unschuld, sondern die »aufgeschlossene« Aufrichtigkeit für große, unkeusche Erwachsene. Im Aufrichtigen hat der Lügner endlich seinen Meister gefunden; im Verhältnis zu ihm erscheint die Lüge selbst oberflächlich und relativ unbewusst. Das liegt jedoch auch daran, dass die intelligente Verdopplung der Duplizität in actu niemals unendlich ist: In jedem Moment, da man sie festmacht, treten Grenzen hervor. Ἀνάγκη στῆναι [unabweichliches Schicksal, Zwang].

Es kommt darauf an, wer diese Grenzen der Bewusstwerdung am weitesten zurückdrängen wird. Welches Bewusstsein wird als erstes ermüden, das betrügerische, das seine Logogriphen immer komplizierter werden lässt, oder das detektivische, das sie eine nach der anderen aufdeckt? Sucht nicht länger: Einzig die Liebe kann das letzte Wort haben; die Liebe allein ist fähig, mit einem Mal die ganze unbestimmte Reihe der reflexiven Reduktionen zu umfassen und durch eine globale Intuition diese Kontinuität der Zeit zu erfassen, welche die Person definiert. Das ist das »non plus ultra« der subtilisierenden Regression, die wahre synthetische Gnosis, die sich zugleich der Wahrheit, der Lüge und ihrer selbst bewusst ist. Selbst ausgebeutet, geprellt und verraten ist der Wohltäter nie der Betrogene. Franz Liszt hat das wunderbar verstanden, und deshalb wird das Thema von Gretchens Unschuld im dritten Teil der Faust-Symphonie [1857] – eine durch Bewährungen gestählte Unschuld[29] – unbeschädigt aus dem mephistophelischen Spott hervortreten: Denn gegen ein liebendes Herz, spontan und jungfräulich, kann selbst der Teufel nichts ausrichten. Der Unschuldige lässt sich nicht vernichten. Es ist also die Aufgabe der gnostischen Liebe, diesen Grund wesentlicher Naivität wiederzufinden, der in jeder Unaufrichtigkeit liegt, und hinter den betrügerischen Wolken den soliden Felsen der Unschuld bloßzulegen. Auf diese ursprüngliche Unschuld beruft sich nach Charles Morgan[30] die Mutter gegen jede Vernunft, um ihr kriminell gewordenes Kind zu rechtfertigen: Sie erhebt Einspruch gegen die momenthafte Wahrheit des Schuldigen im Namen der wesentlichen Wahrheit des Kindes. Der Akrobat, seien Sie dessen gewiss, ist nicht bis ins Unendliche Akrobat, aber er hat ein Bezugssystem. Er ähnelt diesen großen Kokotten, die, wenn man sich die Mühe macht, ihnen ein menschliches Interesse entgegenzubringen, im Grunde nichts als arme Frauen sind wie alle anderen auch: Sie sind nicht glücklich, sie möchten um ihrer selbst willen geliebt werden, usw. … – all das ist so klar, so prosaisch und so viel einfacher, als man dachte! Gewiss, es gibt hartnäckige Simulanten und unverbesserliche Komödianten; doch gewöhnlich braucht man nicht viel an

[29] Über die Unschuld: Louis Lavelle, *Observations sur le mal et sur la souffrance* [Betrachtungen über das Böse und das Leiden, Paris 1951], S. 23–26. – Kierkegaard, *Die Reinheit des Herzens* [frz.], Paris 1935, S. 93 f.

[30] Charles Morgan, *Portrait dans un miroir* [Spiegelporträt, Paris 1930; dt. Ausgabe 1955].

der Schminke und der Tarnung zu kratzen, um der grundlegenden Ernsthaftigkeit zu begegnen, die in jedem Menschen das Schicksal der Kreatur ausdrückt.

*

*   *

Sobald man sich die Mühe macht, die Lügner zu verstehen, wird man einen Weg finden, um das Falsche in Wahres zu wandeln. Doch für diesen Zweck gibt es keine bestimmte Gebrauchsanweisung, so wie es kein allgemeines Rezept gibt, die Menschen zu lieben: Alles liegt an der Art und Weise, sie zu nehmen. Wie dem auch sei, die uns umgebenden Lügner zwingen uns zu einer sehr heilsamen Gymnastik, indem sie uns verpflichten, unsere konventionellen Zeichen geschmeidiger zu machen, Andeutungen zu verstehen und zwischen den Zeilen zu lesen; die Wahrheit des Lügners wird letztlich immer wiederhergestellt, bereichert und nuanciert durch all die Machenschaften, die sie sich zu eigen macht und die ihre zweite Natur sind. Was für eine spannende Archäologie, immerzu besorgt, das persönliche Faktum hinter den Disjunktionen der Duplizität zu totalisieren! Vor allem die verliebte Entzifferung heilt, wie die Psychoanalyse, indem sie entlarvt, auch wenn es hier keinen unbewussten Komplex aufzulösen, sondern vielmehr eine vorsätzliche Duplizität zu reduzieren gilt. Das künstliche und angespannte Regime der Täuschung entspannt sich, das von seiner Aufgabe entlastete Bewusstsein schöpft neuen Atem, so wie ein König, der inkognito im Meer baden geht; in der Verwirrung der ersten aus diesem Zusammenbrechen hervorgehende Unruhe des entlarvten Lügners erkenne ich die Freude, endlich die Maske fallen zu lassen, von der Bühne abzutreten, sich nicht mehr verstellen zu müssen. Nunmehr der sein, der man ist, was für herrliche Ferien für einen Heuchler! Damit aber diese Regeneration einen dauerhaften Effekt habe, muss sie das Werk einer übernatürlichen Kraft wie der Liebe sein und

nicht das eines anderen Bewusstseins, raffinierter noch als
das erste und seinerseits bedroht durch das Überbieten der
Verdopplung in einem dialektischen Turnier, bei dem man
nicht weiß, ob der Lügner letzten Endes der Einwickelnde
oder der Eingewickelte ist; es geht nicht darum, den Lügner
durch ein Duell, bei dem sich zwei Partner an Scharfsinnig-
keit übertrumpfen, in die Ecke zu drängen, sondern darum,
eine intime Bekehrung zur Wahrheit und zur Spontaneität
zu erreichen. Darin ist allein die Liebe, die man mir ent-
gegenbringt, bezwingend und überzeugend. Wer weiß, ob
der Lügner nicht dadurch zum Lügner geworden ist, dass er
missverstanden wurde? So wie man boshaft wird, weil man
nicht genug geliebt wurde. Denn hier ist das Aktive die Wirkung des Passiven. Es ist etwas Wahres in der allgemeinen
Klage von Männern und Frauen, die behaupten, verkannt
zu sein: Glaubte man ihnen, so wären sie stets mehr wert,
als ihr Beruf von ihnen fordert, hätten nie das Glück, das
ihnen zustünde, entspräche ihre Bedeutung nicht ihren Fähigkeiten etc. … Im buchstäblichen Sinn ist das selten wahr,
denn ich denke, in der Regel sind die Menschen all das, was
sie sein können. Aber vom metaphysischen Standpunkt aus
bedeutet es, dass ihre Selbstheit immer darüber hinausgeht.
Es ist eine Tatsache, dass das Verkannt-Werden verkümmern
lässt, ebenso wie der uns entgegengebrachte Hass verbittert;
dass unverstanden zu bleiben oder nie Glauben geschenkt
zu bekommen in uns, wie in Lermontows Petchorin,[31] die
Lust weckt, jene zu betrügen, die uns verdächtigten. Daraus
entsteht eine Art erbitterter Hinterhältigkeit, die mitunter
der Scham ganz nahe ist. Die Umkehrung ist jedoch nicht
weniger wahr, und wenn das Misstrauen den Betrug herbei-
ruft, so ruft das Vertrauen, nach dem Schneeballprinzip, im
anderen einen Eifer hervor, sich dem würdig zu erweisen,
das heißt, es verdoppelt und rechtfertigt sich selbst durch

---

[31] [Hauptfigur in Lermontows Roman »Ein Held unserer Zeit« (1840)].

eine Aufrichtigkeit, die, aus seiner Wirkung oder seinem Postulat, zu seiner Ursache wird. Es sollte an dieser Stelle gesagt werden, es gibt um uns herum Betrüger und das *gereicht uns nicht zur Ehre*. Jedem die Lügner, die er verdient hat und die ihm getreu sein Bild zurückwerfen, so wie mittelmäßige Schauspiele dem wenig anspruchsvollen Konsumenten getreu das Bild seiner Vulgarität und seines schlechten Geschmacks zurückwerfen. Selbst auf unwürdige Weise durch Undankbare getäuscht, ist der Betrogene stets im Unrecht; oder vielmehr haben alle in dieser Angelegenheit ein wenig Unrecht. Der gute Umgang mit der Lüge wird, und zwar für alle – denn es gibt sicher keine Unschuldigen, sondern lediglich Vorgewarnte – die allgemeine Gewissensprüfung sein, die Einladung zu Andacht und Tiefe. Sie fragen, wer die Schuld trägt. Der Betrüger, mein Gott, der aus Leichtfertigkeit die einfache Lösung gewählt hat, aber auch unsere Frivolität, unsere Weigerung zu verstehen, unser Mangel an menschlichem Interesse. Ein wenig Ernsthaftigkeit, ein Zeichen der Sympathie unsererseits würde schnell jenes Geständnis hervorbringen, das all unser Drängen nie erzwingen wird. Folglich ist es die Gefühllosigkeit des einen, die den anderen dorthin geführt hat, wo er ist, indem er das Bewusstsein, das bereit war, sich zu öffnen, herabgesetzt hat. Letzten Endes sind alle gleich viel wert, und wir ernten, was wir dank unserer widerlichen Faulheit und unseres Egoismus verdient haben. Wir haben die Liebe vereist und den Drang zur Aufrichtigkeit entmutigt. Weil die Menschen gefühllos, kleinlich, konventionell und ebenso eingebildet wie arm an eigenem Einsatz sind, fand sich das normale Spiel des Ausdrucks verfälscht wieder, und wir ähneln nun den verrückten Uhren aus der *Spanischen Stunde* [Oper von Maurice Ravel (1911)], die zu jeder Stunde irgendetwas Beliebiges läuten. Möge also jeder bei sich suchen, statt den Mond und die unheilbare Beschränktheit seines Nachbarn anzuklagen; möge sich jeder – für sich selbst und ganz auf sich gestellt –

um den Ernst der Existenz bemühen, der gewöhnlich untergeht in der Flut unseres Geschwätzes. Die grundlegende Ursache der Lüge ist der Mangel an Großmut, und allein der Großmut wird uns, weil er die Quelle der wiedergefundenen Existenz ist, unschuldig und transparent machen wie am ersten Tag der Welt.

KAPITEL II

Das Missverständnis

*E*s war einmal ein Zar, *der liebte schöne Kleider über alles. Er ließ seinen Schneider rufen und gab ihm Samt, Gold, Brokat und alles, was es brauchte, um ein Gewand zu nähen. Der Schneider versprach ihm ein magisches Gewand, das nur Erlesene sehen könnten, Einfältige dagegen nicht. Als nach einer Woche der Erste Minister das Gewand Seiner Majestät abholen ging, zeigte ihm der Schneider eine leere Schachtel, da aber der Minister wusste, dass das Kleid für Einfältige unsichtbar war, tat er so, als sähe er, was er nicht sah, und bewunderte das nicht existierende Gewand. Als man dem Zar die Schachtel zeigte, erinnerte sich dieser, dass das Kleid nur von Erlesenen gesehen werden konnte, und verkündete überschwänglich seine Zufriedenheit. Er legte seine alten Kleider ab und befahl, dass man ihm das neue Gewand reiche. Dann ging er hinaus zu einem Spaziergang.*

Als er die Straße entlangging, konnte die ganze Stadt sehen, dass Seine Majestät keinerlei Kleidung trug. Da aber die Bürger gehört hatten, dass das herrschaftliche Gewand für Einfältige unsichtbar war und niemand einfältig scheinen wollte, taten sie so, als sähen sie, was sie nicht sahen. Dabei sah jeder im Grunde sehr wohl, dass der Zar keinerlei Kleidung trug, aber jeder dachte (niemand hier auf Erden hat ein reines Gewissen), dass die anderen sähen, was er selbst nicht sah. Es sah jedoch niemand etwas, da es nichts zu sehen gab.

Plötzlich traf der Zar auf den Tölpel. Und der Tölpel, der aufrichtig, aber ein bisschen einfältig war, schrie aus Leibeskräften: Seht doch! Der Zar geht splitternackt spazie-

ren! Und Ihre Majestät verstand nun, dass sie lediglich eine Unterhose trug. Und die ganze Stadt verstand, dass ihr Zar in Unterhose spazieren ging. Und sie schämten sich alle ob dieser Komödie und es gab einen großen Skandal.

(Nach einem Apolog von Leo Tolstoi)

Der Ort eines Geistes bleibt unbestimmt, wenn man von ihm sagt, er sei entweder im Wahren oder im Falschen; unser komplizierter Geist, die tausend Nuancen der Empfindlichkeit, der Koketterie und der schamhaften Ambivalenz gehen nicht auf im polaren Gegensatz von Wahrheit und Irrtum. Wer würde leugnen, dass man unrecht und dabei recht haben kann? Zwei leidenschaftliche Bewusstseine, zwei Personen treten in Beziehung zueinander, und schon spannen sich von der einen zur anderen die unentwirrbaren Fäden der Lüge, der Eigenliebe und der Eitelkeit; alles verstrickt sich: Das Gleiche wird zum anderen und das Gegenteil zum eigenen Gegenteil; die Worte haben keinen Sinn mehr, noch das Prinzip der Identität und selbst der kühlste Kopf, benebelt vom Wind des Wahnsinns, von diesem Genie der Verwirrung, weiß nicht mehr, was er denkt. Daher rührt die Schwierigkeit, eine klare und eindeutige Aussage worüber auch immer zu erhalten. Die Evidenz ist nicht länger unbestritten und selbst unsere Überzeugung wird nicht nur von den Spuren unseres Begehrens geprägt, sondern auch von denen des Glaubens, den wir anderen unterstellen oder den uns die anderen zuschreiben.

1. Die Formen des Missverständnisses

a. – Begehren

Das Missverständnis, wie auf seine Weise die »Tölpelei«, ist
von der Art dieser wohlbegründeten Irrtümer, die durch den
heiklen Umgang der Bewusstseine ermöglicht werden; nicht
einfache Verwirrung, sondern typische Fehleinschätzung,
verräterische, eigennützige und leidenschaftliche Fehldeu-
tung. Was bestimmt tatsächlich und subjektiv die spezifische
Orientierung des Irrglaubens? Das lässt sich nur verstehen,
wenn man die psychologische Perspektive des Zuhörers oder
des Lesers einnimmt. Dem Dogmatismus der Behauptung
entsprechen die Naivität der Gutgläubigkeit oder die Unbeholfenheit des Misstrauens, wobei beide in jedem Fall die
setzende und verdinglichende Kraft des Begehrens zum Ausdruck bringen. Hab ich recht verstanden? Kann ich meinen
Ohren trauen? Die beunruhigende Absurdität der Missverständnisse, die Unmöglichkeit, ihnen je ganz zuvorzukommen, trotz der sorgfältigsten Vorsichtsmaßnahmen, erklären
sich aus der falschen Magie unserer Wünsche; ich sage falsch,
denn es gibt natürlich kein Wunder und unser Begehren der
Sache führt nicht dazu, dass sie ist, sondern nur, dass man
es glaubt, und das ist das ganze Missverstehen. Man glaubt,
was man begehrt, und man hört, was man glaubt. Renouvier
hat in tiefer Weise über den leidenschaftlichen und imagina-
tiven Schwindel gesprochen,[32] durch den man willenlos, gedankenlos von der Hypothese zum Realitätsurteil und vom
Möglichen zur Tat gleitet: Auf diese Weise tragen die an Hal-
luzinationen leidenden, die Halb-Scharlatane, die wir sind,
zur erwarteten Bewegung bei, glauben, ihr zu folgen, stel-

[32] [Charles Renouvier,] *Traité de psychologie rationelle* [Abhand-
lung über rationelle Psychologie, Paris 1859], Bd. I, S. 252–256 und
277–301.

len Wunder fest, bestätigen Prophezeiungen. Jedes Wunder,
jede Hochstapelei oder Absurdität rekrutiert so aufrichtige
Zeugen, die bereit sind, zu ihren Gunsten auszusagen. Nie
werden wir die Menschen davon abhalten, was auch immer
geschehen mag, ihre Wünsche für Realität zu halten, in der
Vorstellung den ontologischen Graben zu überspringen, der
das Begriffliche und die Existenz, das Mögliche und das Ereignis voneinander trennt. Der Zauberstab, die Sternschnup-
pen oder, wenn sie nicht verfügbar sind, die romanhaften
Träume und alle Schimären der Nacht dienen dazu, das Mögliche auszudehnen: Sie vervollständigen die mittelmäßige,
prosaische Wirklichkeit, sie schlagen über die Zeit hinweg
die Brücke der wundersamen Lügen. Besser noch muss unser Gebet, bei einem bestimmten Grad an Intensität oder
Glut, sich selbst und durch seine eigene Inbrunst erhören;
es ist eine feste Überzeugung im Herzen der Menschen, dass
die Zukunft sich nicht unendlich einer aufrichtigen und leidenschaftlichen Hoffnung verweigern kann, dass etwas, indem man es sich mit aller Kraft wünscht, sein wird – sei es,
dass unser gegenwärtiges Unglück uns ein Recht auf Glück
gibt, sei es, dass unsere Reue die Vorsehung dazu veranlasst,
uns Gnade zu erweisen oder Mitleid mit uns zu haben, oder
sei es sogar, dass unsere Wünsche die Kraft haben, dieses
Monster in eine Prinzessin zu verwandeln. Leider sind das
nichts anderes als Formen unserer Ohnmacht. Weder die
Medizin mit ihren Impfstoffen noch der Krieg mit seinen
Wunderwaffen, noch die Wissenschaft, die durch die Techniken der Geschwindigkeit Distanzen verkürzt, entgehen
diesem Fluch der Dauer, den unsere Träume in übernatür-
licher Weise aufheben. Es gibt keine Augenblicklichkeit und
der große Pan ist wirklich tot. Stellt Don Quichotte nicht
an der Schwelle der Moderne jene Entzauberung eines von
Ritterromanen trunkenen Bewusstseins dar, das sich in einer
Welt ohne Dryaden, ohne Oreaden, ohne Undinen entdeckt,
in einer galiläischen Welt der mechanischen Wirkungen und

der Gesetze der Schwerkraft? Es gibt keinen Pan mehr, es gibt nur noch die Geometrie und die Physik des Aufpralls. Die Hexenmeister ziehen sich zurück und Prospero wirft, ebenso wie Faust, seine Zauberbücher weg: »This rough magic I here abjure«.[33] Das passive Warten wird nicht den Graben füllen, den allein ernsthafter Wille, harte Arbeit und die Absicht zu handeln überwinden. Das Missverständnis ist also nicht nur, wie die unvernünftigen Hoffnungen leidenschaftlicher Frauen, eine Kompensierung der mangelnden Wirksamkeit, es ist auch der verfehlte Ersatz. Das Missverständnis ist das Scheitern. Einerseits erfüllt unser Glaube folgsam im entgegengesetzten Sinn die Hermeneutik, die ihm die Allegorie vorschlägt, und pflichtet voll und ganz dem Wort bei, an das es nur allzu gern glaubt. Oder eine indiskrete Subtilität führt uns ins Übertragene und stattet uns mit einer außergewöhnlichen dialektischen Geschmeidigkeit aus; statt dem Wörtlichen verhaftet zu bleiben, machen wir gefährliche Sprünge. Eine parteiische Philologie überarbeitet und verändert unermüdlich den wahrgenommenen Text, sie verschiebt hier einen Ton, kratzt dort an ein Wort und interpoliert und deformiert überall; keine fixe Idee kann es mit ihr aufnehmen in der Kunst, dem Gesprächspartner etwas in den Mund zu legen, was er nie gesagt hat, oder ihm mit aller Kraft eingebildete Absichten zu unterstellen; mal hat sie – ganz zufällig – die kleine Verneinung, die Einschränkung, die alles verändert, nicht gehört, mal interpretiert sie ganz nach Laune die Zurückhaltung (wer nichts sagt, stimmt zu, wie jeder weiß) oder sie füllt das Schweigen willkürlich mit Auslassungspunkten; sie schreibt unverdrossen das Finale der unvollendeten Symphonien und baut aus fragmenthaften »Gedanken« eine »Apologie« nach ihrem Gutdünken. Mal ist sie eine vereinfachende Annäherung, die Nuancen weg-

---

[33] [William Shakespeare,] *The Tempest* [Der Sturm: V 1, Z. 50: »Schwör mich hier ab diesem ganzen Zauber«].

lässt, mal eine Klanghalluzination, ein Deutungsdelirium, das sich endlos über ein angebliches Zeichen des Erkennens, über einen Lapsus oder eine Anspielung auslässt. Radikaler noch entschließt sie sich, nicht zuzuhören und die eigenen Absichten in den Worten des anderen zu lesen, sie stellt dem Zweifel, der Vernunft, der Weisheit die unüberwindliche Mauer ihres Glaubens entgegen. Ist diese Logik des Begehrens – zu vertrauensselig oder unbeholfen subtil, wie sie ist – immer aufrichtig? Unsere Leichtgläubigkeit hat keine Grenzen, aber das Begehren ist eigensinnig und will nicht verstehen, was es leider nur allzu gut versteht; es tut also den Texten Gewalt an und wird sich überzeugter geben, als es wirklich ist, darin dem biologischen, schützenden Vergessen ähnlich, das weder ganz und gar aufrichtig noch ganz und gar künstlich ist und nur seine Schulden vergisst. Das ist die unglückliche Rache des Schuldners und der Unaufrichtigkeit. Niemand ist blinder als der, der nicht sehen will: sich an die geringste Doppeldeutigkeit klammern, mit Übereifer jede vorgestellte oder tatsächliche Gelegenheit ergreifen, sein Wort zu brechen – nein, da liegt kein Missverständnis vor, dies sind Missverständnisse, die nur allzu gut verstanden werden! Der eine hat sehr wohl gesagt, was er sagen wollte, und der andere hat bestens verstanden, was es zu verstehen gab, aber das, was er zu hören wünschte, überflutet, was er gehört hat, und fabriziert ihm eine Art Halb-Aufrichtigkeit.

b. – *Das Begriffliche und das Tatsächliche*

Objektiv betrachtet, nimmt das Missverständnis seinen Ursprung in der Ähnlichkeit von Unähnlichem, ich meine in der Tatsache, dass die Zeit und die Effektivität nicht in der Morphologie eines Wesens lesbar sind, da sie die unsichtbare Bedingung seiner Sichtbarkeit ist. Somit ist der differentielle Grund der Existenz quasi unausdrückbar, da er sich in diesen zwei Worten einschreibt: *es gibt;* eine solch geringfügige, aber auch so entscheidende Bedingung bietet weder den Diskursen noch den Erzählungen einen Zugriff, und da unsere Sprache nichts über sie zu erzählen hat, drückt sie auf die gleiche Weise das quod und das quid aus. Daraus ergeben sich die schlimmsten Verwirrungen. Es ist zum Beispiel kein Irrtum über die Tatsache selbst, sondern ein Verkennen des Grads, man verkennt die Stärke seines Feindes, das heißt, man wusste sehr wohl, dass er stark (oder schwach) ist, vermutete jedoch nicht, dass er es so sehr wäre, oder auch: Man ahnte eine Niederlage, jedoch nicht in diesem Ausmaß; ohne uns irgendetwas zu verheimlichen, hatte uns jemand moralisch getäuscht, hatte jemand beim Spiel gemogelt. Denn es genügt nicht, »es gesagt zu haben«: Es gibt auch die Art und Weise, Nachdruck auszuüben, und den Ton der Warnung. Manchmal besteht das Missverständnis, viel mehr als in der Über- oder Unterschätzung, darin, dass man sich nicht völlig der tatsächlichen Realität eines Ereignisses oder des Verhältnisses dieses Ereignisses zu unserem persönlichen Schicksal bewusst ist. Generell wusste man es, aber man hat es nicht *realisiert.* Der Grundtyp eines jeden Missverständnisses ist in dieser Hinsicht das Missverständnis über den Tod, ein Unfall, der, wie jeder weiß, nur den anderen zustößt. In Wahrheit sind wir an ernsten und aufrichtigen Tagen gezwungen, anzuerkennen, dass *die Reihe an uns kommen wird*; aber der Brauch will, dass wir uns nicht mit solch unangenehmen Gedanken aufhalten, dass wir im Gegenteil so tun, als ginge uns das alles gar nichts an; und man verjagt den großen schwarzen Vogel der Melancholie möglichst schnell und weit von uns, um zu dem zurückzukehren, was wir für die Wahrheit halten. Dabei gibt es Krankheiten und das Verschwinden unserer Nächsten, und dann, eines schönen Tages, stellt sich brüsk das Bewusstsein ein, dass es um uns geht – nostra res agitur – dass unser Name aufgerufen ist, dass das Schicksal auf

uns zeigt … All das war also ernst, was die Tragödien und
die lateinischen Versionen des Leidens, des Alterns und des
Todes erzählten? Der Tod ist nicht nur ein stoisches Thema,
noch ein ausschließlich biologisches Phänomen, sondern
eine Sache, die wirklich geschieht. Ah, hätten wir gewusst …
Aber wir wussten von der Sache alles, was es darüber zu
wissen gab, und wir entdecken heute, was wir schon immer
wussten. Kurzum: *Man kann lernen, was man bereits weiß*,
so wie man von etwas überrascht sein kann, das man am
meisten erwartet hat. Die Auflösung des Missverständnisses
ermisst die Entfernung, die das abstrakte, begriffliche und
generische Wissen, das wir mit zwanzig Jahren von diesen
Dingen haben, von der gnostischen Intuition trennt, die wir
mit fünfzig erlangen, wenn wir sie von innen heraus entdecken und der Tod zu unserer privaten Angelegenheit wird.
Zwischen diesen beiden Arten von Wissen gibt es keinerlei
Inhaltsunterschiede: Das eine weiß exakt genauso viel wie
das andere, und der Greis hat kein Geheimnis erkannt, das
den jungen Menschen verweigert wäre. Hier wie da ist es
der »Umgang«, der sich unterscheidet, τρόπος [Tropus],
der Umgang und die Art zu wissen. Ein Missverständnis
gleicher Ordnung erleben die revolutionären Ideologen, die
die Revolution an dem Tag nicht mehr erkennen, da sie in
der Tat von ihr geweckt werden; sie glaubten nicht, dass
sie wirklich kommen und so wenig der Buchweisheit ähneln würde, in die sich ihre Spekulation eingerichtet hatte.
Allgemeiner lauert die Überraschung jenen auf, deren Vorstellungskraft sich an den Theorien oder am Ideal berauscht
hat. Ihnen öffnet das Leben eines Tages die Augen, das Leben mit seiner Wahrheit, seiner rauhen Haut und seinem
strengen Geruch; die ausschweifendste Phantasie ersetzt
nicht besser die wirkliche Liebe einer wirklichen Frau als
das genauste Ablesen der Noten das tatsächliche Spiel auf
dem Instrument. Es »klingt« *ganz anders* unter den Fingern.
Man kann noch so gut vorbereitet sein – in jeder Wirklich-

keit gibt es ein Element des Neuen, des Unvorhergesehenen und Nichtvorgestellten, das unsere Erwartung aus der Bahn wirft.

c. – Die Erscheinung und die Zeit

Hätten die ›Bewusstseine‹ weniger Geheimnisse, wären sie weniger leidenschaftlich, weniger schüchtern, weniger ironisch, weniger nervös, weniger leicht verletzbar, so wären sie verstanden oder nicht verstanden, aber keinesfalls »missverstanden«,[34] so wie man von einem Genie sagen müsste, es ist *verkannt*, wenn seine Berühmtheit auf anderen Gründen beruht als denen, die ihn zum Genie machen: Der Irrtum besteht zum Beispiel nicht darin, Liszt im Allgemeinen zu bewundern, sondern ihn zu bewundern als Pianisten und Virtuosen, wo er doch vor allem ein wundervoller Schöpfer musikalischer Formen ist, der geniale Architekt der *Missa Solemnis* und der *h-Moll Sonate.* Chopin seinerseits ist ein wahrhaft Verkannter in diesem Sinn, seine Größe liegt wesentlich weniger in seinen Präludien, Walzern, Polonaisen oder selbst Notturni als in seiner mitreißenden *Sonate in b-Moll* und bestimmten Seiten der Scherzi und Balladen. Die Durchschnittsbürger und wir sind uns einig, aber aus so verschiedenen Gründen, dass die loyale Zwietracht ohne mögliche Konfusion und ohne Zweideutigkeit vielleicht besser wäre; denn wenn das Publikum auch recht hat, unrecht zu haben, so hat es schließlich unrecht, recht zu haben, weil es durch Zufall, schlechten Geschmack und Vorliebe für das Hässliche recht hat. Die schnelle und ungeduldige Gesellschaft sorgt unerschöpflich für diese Art von Missverständnis; sie interessiert sich eher für das, was Sie tun, als für die Gründe, aus denen Sie es tun; allein die Praxis zählt

---

[34] Das russische »nedorazumienie« erklärt besser als »Malentendu« diesen Fehler der *mésintellection* [Unstimmigkeit].

und nicht die unerklärbare, lästige und unendlich nuancierte
Motivation. Was gehen mich Ihre Gründe an, da Sie letztlich mit mir sind. Auf diesem Missverständnis beruhen alle
Varianten der »Einheitsfront«, die angeblich unmoralischen
Koalitionen, die Abmachungen oder konzertierten Kartelle
im Hinblick auf eine gemeinsame Sache. Es scheint, die Gefahr, die uns alle bedroht, sei wesentlicher als die Doktrinen,
die uns spalten: daher eine pragmatische Übereinstimmung
über die Ergebnisse und Uneinigkeit über die Wege und Motive. Das nennt Bouglé[35] Polytelismus, Wundt Heterogonie,
und der jesuitische Probabilismus versteht es hervorragend,
es zum größten Ruhm der römischen Kirche auszubeuten.
Das abendländische Christentum und das prawoslawische
Christentum haben zum Beispiel den gleichen dogmatischen
Inhalt, und der Orthodoxe sagt nichts, dem nicht jeder Ka-
tholik zustimmen könnte: Es ist der Geist, der völlig verschie-
den ist, denn das russische Christentum stellt eine mystische
und intuitive Transposition der christlichen Thesen dar. Für
eine einzige katholische These lassen sich zum Beispiel drei
Motivationen anführen: die religiöse Motivation, die ästhe-
tische Motivation und die politische Motivation, welche die
Staatsraison vertritt. Aber was kommt es darauf an, ob man
die Religion ausübt, weil man den Glauben hat oder aus Liebe
zu den Kathedralen oder um die Ordnung zu fördern oder
um den Sozialismus überflüssig zu machen, wenn es auf jeden Fall zur Kirche als Institution führt? Der Verstand will
verstehen, wie es zu dieser Schlussfolgerung gekommen ist,
und es ist ihm nicht gleichgültig, ob wir zu ihr auf diesem
Weg oder auf jenem gelangen … Was sage ich? Es braucht die
ganze Dichte des Himmels, damit das Christentum des Glaubens dem Christentum der Vernunft gleichwertig sei, so wie
Welten zwischen den Sophisten und Sokrates liegen, obwohl

---

[35] C[élestin] Bouglé, *Leçons de sociologie sur l'évolution des valeurs*
[Soziologische Lektionen über die Entstehung der Werte, Paris 1934].

er ein Sophist ist: Denn *in der Art und Weise* liegt alles. Dieses
»alles« wird jedoch zur Finesse und zum Luxus für die Aktion; der soziale Pragmatismus, der die massive Dringlichkeit
und dann die Annäherung will, hat keine Zeit, sich auf diese
Details einzulassen; die Fiktion des *Als ob* reicht ihm, und er
gibt vor, dass der Schein der Intention so viel zählt wie die
Intention und die »der Pflicht konformen« (wie Kant sagen
würde) Taten ebenso viel wie jene, die »aus Pflicht« erfüllt
wurden. Dabei hat schon Aristoteles klargestellt,[36] dass es au-
ßerordentlich wichtig ist zu wissen, ob Sie das Gute aus Zufall
tun (ἀπὸ τυχῆς) oder weil Sie es wollen, denn in der Moral ist
es vielleicht am wenigsten möglich, dieses unsichtbare Element des guten Willens zu vernachlässigen.

Es ist die Art oder der Weg – ὁδός –, der zur Ungleichheit
der Ähnlichen führt, und das Missverständnis, das die Ungleichen ähnlich macht, besteht darin, die Art und Weise zu
vernachlässigen. Dabei ist es die Art, die den Wert unserer
Handlungen begründet, so wie sie den Preis unserer Werke
begründet; bei gleichwertigem Ergebnis ist sie es, die menschliche Weise, die man den Werken der Maschine vorzieht, sie
ist es auch, die unter dem Namen Arbeit oder Mühe in hand-
gearbeiteten Produkten so teuer bezahlt wird. Der Misskredit
künstlicher Surrogate und mechanischer Arbeit wäre die
Wirkung von Suggestion, so etwas wie eine naturistische
und aristotelische Phobie. Ob der Gegenstand gefärbt oder
seine Farbe »natürlich« ist – möchten Sie wissen, was mich
das angeht? Ob das Kleidungsstück aus der Konfektion oder
Maßarbeit ist, ist vielleicht nur ein Vorurteil; wenn mir das
Kleidungsstück passt, interessiert mich nicht, wie es genäht
wurde. Dabei vernachlässigt der Nützlichkeitsorientierte die
Zeit, denn was jetzt ohne Mängel ist, kann ohne Dauer sein;
wenn auch die Hand- und Maschinenarbeit in actu nicht zu
unterscheiden sind, so sind sie es nach der Art und Weise.

---

[36] [Aristoteles, *Nikomachische Ethik,* 1105b.]

Und von allen Arten ist die Vermittlung die am stärksten
unterscheidende, die Arbeit, die Schmerz ist – nicht nur di-
alektischer Weg, sondern erlebtes Drama, Aufeinanderfolge
subjektiv erfahrener oder »erlittener« Zwischenfälle. Es liegen Welten zwischen der verbalen Wahrheit, die leicht hin-
gehaucht wird, und einer von Enttäuschung, Ereignis, Verzweiflung und Schmerz bewährten Wahrheit, Welten zwischen dem Abguss und der Statue; zwischen der Form, die
man durch Modellierung gefügiger und gefälliger Materi-
alien wie Gips, Ton und Lehm erhält, und der, die man dem
Widerstand des widerspenstigen Marmors entreißt. Jede
Kopie ist hässlich, sagt Alain,[37] auch wenn sie vom Original
nicht zu unterscheiden ist. Der Stuck ersetzt den Marmor …
wenn man nicht so genau hinsieht. Der Schmerz vor allem
ist die unbestreitbare Wahrheit, die das Ich vom Du, das
Mein vom Dein maßgeblich unterscheidet, derart, dass eine
Verwechslung absurd wird; und die Austauschbarkeit ist
eine Annäherung des Logos, dem es gleichgültig ist, ob ich
leide oder du oder irgendwer. Der untröstliche Patient aber
ist darin anderer Meinung als der Logos. Eine Wahrheit, die
nicht durch Schmerz erfahren ist, ist nur eine halbe Wahrheit, eine Scheinwahrheit ohne Seele. Allein der Gelehrte hat
das Recht, ignorant zu sein. Was sich festsetzt, ohne erfahren
zu sein, ist, als wäre es nicht, und Nemesis stellt nach Schelling die Kraft dar, die allem feindlich gesonnen ist, was zu
existieren vorgibt, ohne durch die Feuersglut der Angst und
des Leidens gegangen zu sein. In Wahrheit zählt eine derartige Geburt nicht; ich sage Ihnen, sie ist eine neu zu beginnende Geburt, sie ist vergeblich. Pascal[38] seinerseits sagt

---

[37] Alain [Émile Chartier (1868–1951)], *Préliminaires à l'Esthétique* [Einleitung in die Ästhetik, Paris 1925], S. 289.
[38] [Blaise Pascal] *De l'esprit géométrique* [Vom geometrischen
Geist], Teil II: *De l'art de persuader* [Von der Überzeugungskunst, in:
ders., Die Kunst zu überzeugen, hg. v. Ewald Wasmuth, Heidelberg
1950, S. 107 f.]

ungefähr dies: Es ist etwas ganz anderes, wie Augustinus
»Cogito ergo sum« im Vorübergehen und wie zufällig zu sagen oder, wie Descartes, es zum Ausgangspunkt einer Reihe
tiefgründiger und organisch miteinander verbundener Gedanken zu machen. Die Hegel'sche Synthese ähnelt in diesem Sinn der These »um ein Geringes«, aber dieses Geringe
ist alles; ohne dieses Geringe beginnt nichts von neuem.
Denn die Synthese ist eben die als These gesetzte These, und
diese »Setzung« ist nicht, wie man denken könnte, eine Neu-
auflage, eine einfache Wiederholung oder verdoppelte These: Nein, das zweite Mal kann nicht wie das erste sein, in
seiner Vergangenheit sind Vermittlung, ὁδός [Weg] und
Bewusstsein eingeschrieben. Es gibt Philosophen, deren
Spezialität es ist, die historische Tiefe der Synthese zu vernachlässigen: Die einen erkennen nur eine flache Welt aus
geometrischen Formen an; die anderen verweigern den
Peripatetikern die natürliche und unumkehrbare Absolut-
heit der Bewegung und geben sich eine Welt der Relativität
und strengen Wechselseitigkeit; wieder andere denken als
Pragmatiker und geben vor, die schöne Härte des Verdienstes und die schmerzhaften Prüfungen, die das menschliche
Antlitz so tief prägen, für null und nichtig zu halten: ob verdient oder zufällig, der Erfolg, sagt man, ist immer Erfolg.
Der Begriff des Verdienstes verschiebt jedoch die Betonung
vom Zweck auf das Wie, auf dieses unsichtbare Element der
überwundenen Schwierigkeit, das die Falten vertieft, das
Rückgrat beugt, das überall die sorgenvolle Patina des Un-
glücks hinterlässt. Wer niemals *versucht* worden ist, das
heißt »erprobt«, wer nichts zu beichten hat, der hat die Ini-
tiation in seine eigene und vollständige Menschlichkeit ver-
passt; Gott will nicht solch makellose, einwandfreie, unreife
Vollkommenheit für sein Paradies, solch fade Treuherzigkeit,
und die Schrift gibt vor, dass ihm der reuige Sünder lieber
ist; die Reue ist in der Tat der mühevolle und unerschro-
ckene Weg unserer Odyssee. Hier liegt schließlich auch das

große Missverständnis der *Unschuld*, einer Unschuld, die manch einer als zweites Unbewusstsein oder Rückfall in die Kindheit verstehen möchte. Dabei ist sie eher Zugang zum Unbewusstsein durch die Taufe der bewussten Verdoppelung, so wie die »erworbene Voreingenommenheit« bei Pascal nicht das Vorurteil *als solches* oder *derart* relativ zum horror vacui ist, sondern die Achtung einer Erfahrung, die der kartesianischen Vernunft widerspricht. Die Wahrheit des Sensualismus wird also nach einer doppelten Umkehrung durch die Wahrheit des Gebets bestätigt, jedoch im Namen einer Vernunft, die selbst die »trügerischen Mächte« transzendiert: Jene hatten schließlich recht, aber aus anderen Gründen und auf andere Art, als sie es verstanden hatten. Der Anfang erklärt sich durch sein Ende – es ist dieser Prozess, den Schelling »Erinnerung« nennt, der aber, wie jede Dauer, fortschreitend und gleichzeitig zirkulär ist. Unter der Bedingung, nicht zu genau hinzuschauen, sind der Unschuldige, als der wir geboren werden, und der, der wir geworden sind, nachdem wir schuldig wurden, praktisch austauschbar, wenn man sich mit einer Annäherung begnügen, das heißt die Zeit unberücksichtigt lassen will; denn die Zeit ist das unsichtbare, vernachlässigbare, aber radikal differentielle Element, das ich der Reihe nach Reue, Schmerz, Mut, Verdienst, Versuchung genannt habe. Statt der fruchtbaren Identifizierung hat man es nur noch mit einer oberflächlichen Identität zu tun; statt des Reifens und der Geschichte nur leeres und negatives Warten; der Umweg, den es zu ersparen gilt: zum Beispiel abwarten, dass die Stunden verstreichen, der Zug ankommt, der Zucker sich auflöst. Leidige Dauer, die es totzuschlagen gilt, indem man schläft oder sie durch immer höher getriebene Geschwindigkeit immer mehr verkürzt. Wenn die Zeit nichts anderes ist, dann mögen Einsteins Reisender auf der Kanonenkugel und die stratosphärische Rakete hochleben. Wenn es aber auf den Gang und nicht auf die Form ankommt, *dann läuft es nicht mehr auf das gleiche hinaus*, ob man sich der Geschichte unterworfen oder entzogen hat. Die zeitliche Verschiedenheit ist nicht so unsichtbar, wie Sie glauben; obwohl niemandem auf der Nasenspitze geschrieben steht, dass und wie lange er sich im Fegefeuer der Vermittlung aufgehalten hat, so wie jemand seinen Militärdienst abgeleistet hat, so wird es eines Tages nicht gleichgültig sein, ob man diesem Aufstieg der Reue, den man lediglich als grundlose Bürde ansah, ausgewichen ist oder nicht. Dies ist das Versprechen, das uns mit dem Gebot zu arbeiten gegeben wird. Die Zeit, die nicht in der gegenwärtigen Morphologie eines Menschen wie eine Signatur lesbar ist, wird später und allmählich (das heißt wiederum in der Zeit) ausgedehnte, tiefgründige und materielle Auswirkungen haben. Das sieht man nicht, Sie werden es aber dennoch spüren. Im Besonderen widersteht das, was auf der Zeit gründet, selbst der Zeit, als hätte es aus der mühseligen Dauer geschöpft, die es bejahte, um seinerseits zu dauern. Das Fortdauern belohnt eine kontinuierliche und graduelle Entwicklung, von der nicht eine Phase ausgelassen, nicht eine Station übersprungen wurde. Was dagegen zu schnell gewachsen ist, vergeht auch schnell; gepfuscht und prekär, jüngst entstanden und labil sind Korrelaten, und nichts anderes bedeutet das Gesetz der Regression, wie all der Flitter und falsche Luxus, mit dem unsere industriellen Techniken so verschwenderisch sind, fast täglich beweisen. Das Schamgefühl, das die allzu ungeduldigen Kavaliere entmutigt, um ihre Treue zu prüfen und die Tiefe ihrer Aufrichtigkeit zu ermessen, das Schamgefühl, das in Liebesangelegenheiten bremsende Element schlechthin, stellt sehr wohl die Missverständnissen vorbeugende Behandlung dar: Bei den Frauen ist sie das in den Zustand der Selbstverteidigung versetzte Gefühl, das den wollüstigen Heißhunger der Männer bremst, die sich wenig um Zukunft und Heim kümmern. Dieser scheue Blick sagt uns: Ich will wissen, ob Sie mich auch hässlich und kratzbürstig lieben werden, um sicher zu

gehen, dass auch ich es bin, die geliebt wird, und nicht nur
die Form meiner Augenbrauen oder dieser Schönheitsfleck
am Busen. Der Pausanias [der Liebhaber des Agathon] des
Gastmahls wusste bereits: Die Länge der Zeit ist die Prüfung,
die allen Aspekten einer Leidenschaft ermöglicht, sich nach-
einander zu entwickeln, allen Möglichkeiten erlaubt, sich im
Detail zu aktualisieren,[39] dem Authentischen und dem Soliden gestattet, sich eindeutig vom Pseudo und vom Simili zu
differenzieren; wenn es den Missverständnissen günstige
dunkle Ecken gibt, so wird das Werden irgendwann Licht
auf sie werfen müssen. Der Zeitlauf muss aufhören, als eine
frohen Herzens angenommene Verzögerung zu erscheinen,
die ohne großen Schaden hätte vermieden werden können.
Die wiederhergestellte Gesundheit ist zum Beispiel nicht
einfach Gesundheit noch die schlichte und einfache Wieder-
herstellung des Status quo, so als handelte es sich darum,
Getanes rückgängig zu machen – den Krieg durch Frieden
aufzuheben, die Ehe durch Scheidung, etc. … Wer kann
schon sagen: Jene Bewährung war überflüssig? Man muss
seine Gesundheit verdienen, und es ist »der gute Umgang
mit den Krankheiten«, der es uns lehrt. Bei gleichem weißen
Glanz unterscheidet ein scharfsinniger Geist mühelos die
farblose von der gereinigten Reinheit; für einen gegebenen
Grad an Tugend fragt er nicht, was an Heiligkeit in actu um-
gesetzt wurde, sondern was ein solcher Zustand an durch-
laufenem Weg darstellt, was er an Opfern und Entsagungen
gekostet hat. Die Verhältnismäßigkeit berücksichtigende
Justiz, oder besser noch: die Gerechtigkeit sind geschaffen,
um diese dynamische, relative und dialektische Natur na-

---

[39] Platon, *Symposion,* 184a: το ἁλίσκεσθαι ταχὺ αἰσχρόν νενόμισται,
ἵνα χρόνος ἐγγένηται ὃς δὴ δοκεῖ τὰ πολλὰ καλῶς βασανίζειν [damit
es an der Zeit nicht fehle, welche ja scheint das meiste am besten zu
prüfen]. – Friedrich Wilhelm Joseph Schelling, *Philosophische Untersuchungen über das Wesen der menschlichen Freiheit* [1809] (Hamburg
1997, PhB 503, S. 85).

mens Verdienst zu bewerten. Vor allem gibt es ein spontanes und internes Symptom, das die nicht überprüfte Wahrheit, die nicht gereinigte Reinheit und die nicht bestätigte Behauptung niemals imitieren werden. Dieses Symptom heißt Freude.

Wenn das Missverständnis *verisimile* und *verum*, die Behauptung ohne Tradition, die sich unmittelbar einstellt, und die schmerzvoll positive Behauptung, die aus der Negation einer Negation resultiert, gleichsetzen kann, dann eben weil man von der Erscheinung eine Kopie herstellen kann, ohne das Wesen zu haben, weil *imitieren* immer »scheinen« ist und man das »Sein« nur imitiert, wenn man selbst und seinerseits *ist*. Einzig die vereinende Sympathie vollbringt dieses Paradox der Existenzverdoppelung. Deshalb kopiert man die Aufmachung, die Gebräuche, den Akzent, aber nicht die Person selbst und vor allem nicht die göttliche Freude, die der Sauerstoff im Innern dieser Person ist. Man kann die Weise plagiieren, ohne je die Art zu haben. Wer vorgibt, von den Adjektiven zur Selbstheit zu gelangen, die Freude zu empfinden, indem er die Gesten nachmacht, der begeht den ontologischen Sophismus; der ist nichts als ein elender Hanswurst. Den Scharlatanen muss man erwidern: Um an dieser Freude teilzuhaben, ist die gnostische Liebe notwendig und die Bewusstheit des ganzen Herzens. Sich mit dem Verlauf einer Biographie zu identifizieren, ihren Ablauf *nach*zuleben oder *nach*zudenken, kann allein die Anschauung, die aus der Distanz und durch Extroversion nachempfindet, was der Andere selbst empfindet, ipsissimus; aber jede Anschauung dieser Art ist auf ihre Weise eine ursprüngliche und primäre Schöpfung, obwohl sie die Gefühle des Anderen reproduziert, im Echo auf den Anderen oder nach seinem Beispiel in Schwingung gerät, das heißt als Reaktion. Die Adjektive sind allen verfügbar, wie die Geschäfte – unvollständig und oberflächlich, und es gibt genügend Papageien hienieden, sie zu rezitieren; der Seelenzustand jedoch gehört nur einem einzigen, und wenn er nicht

durch Sympathie verstanden wird, kann er lediglich durch
Gesten und Getue nachgeäfft werden. Das ist es: Man kann
scheinen, ohne zu sein, wie man umgekehrt das Reale und
die alle Realität begründende Zeit auf seiner Seite haben kann,
ohne danach auszusehen; und dennoch ist es entschuldbar,
dass wir uns täuschen, denn die Erscheinung ist unbestreitbar
»etwas vom Wesen«, τι τῆς οὐσίας, nach Art der Wahrheit.
Nicht alles was glänzt, ist Gold, obgleich Gold ein glänzendes
Metall ist. Ach, wie soll man sich da zurechtfinden? So lautet
die metaphysische Formulierung dieses Missverständnisses:
Das Gute, auch wenn es Platon nicht gefällt, kann ohne das
Schöne sein, das dessen »Glanz« oder Erscheinung, ἔκλαμψις,
ist, wie die Schönheit ohne Wesen, einer leeren Hülle gleich.
Das Schöne ist nicht immer ἐν πρόθυροις τοῦ ἀγαθοῦ [in den
Vorhöfen des Guten].[40] Einerseits liebt das Wesen es, als trüge
es den Talisman des Gyges, sich unsichtbar zu machen; oder
es verkleidet sich, um zu sehen, ob wir es wiedererkennen
können, die wir behaupten, seine Freunde zu sein: es gibt sich
derb, bösartig und widerspenstig, im wahren Sinn des Wortes
verkennbar, es gibt sich als leichte Brise oder armer Bettler wie
der Odysseus der Penelope und wie die geheime Herrlichkeit
der Musik von Fauré unter den schallenden Trompeten der
Hochstapler. Es wäre zu einfach, eine anmaßende, stets könig-
liche, immer triumphierende Wahrheit zu lieben … Ah, die
Gauner selbst würden sich plötzlich um die Ehre streiten, sie
zur Freundin zu haben; denn gewinnt die Gerechtigkeit die
Oberhand, fehlt es ihr nie an Freunden. Wer wird die Wahrheit auch dann lieben, wenn sie nicht glücklich ist? Wer wird
sie genügend lieben, um, wie die Amme des Eurykles, die kö-
nigliche Narbe unter den Lumpen des Pseudonyms zu erkennen? Man kennt die Rolle, die bei Pascal dieses Geheimnis der
erniedrigten Wahrheit, bei Kierkegaard der Skandal um Abra-

---

[40] Plotin, *Enneaden*, I, 6 [hg. v. Otto Kiefer, Jena/Leipzig 1906,
Bd. 2: Über das Schöne, S. 227 ff.].

hams Opfer und um eine Wahrheit, »die nicht danach aussieht«, spielen. Im Gegensatz zum Erotischen im *Gastmahl*
ist es die Philosophie der Allegorie und der göttlichen Ironie.
Wer immer den Glauben an eine absurde Wahrheit bewahrt
hat, wenn dieser Glaube verdienstvoll war, wer immer sich
nicht von der chiasmatischen Natur seines Inkognito und seiner Verkleidungen hat entmutigen lassen, dieser wird, sage
ich, zuletzt lachen, denn er wird den bezaubernden Prinzen
im Tier erraten. Der Glanz kann jedoch seinerseits ohne diese
Wahrheit sein, von der man annimmt, dass sie ihn ausstrahlt –
und das ist das ganze ewige Missverständnis der Liebe: Die
Frauen *sind* zum Beispiel nicht alles, was sie *bedeuten*, sie bedeuten jedoch im Gegenteil nur das, was sie sind, und man
muss sagen, dass es ihre Existenz oder ihre Präsenz selbst ist,
die ihren ganzen Sinn ausmacht; es gibt sehr wohl eine Sphinx,
jedoch kein Rätsel. Und wir empören uns darüber, dass die
Schönheit, die den Männern die Herrschaft der Anmut und
ich weiß nicht was für ein tiefgründiges Leben, von dem wir
keinerlei Ahnung haben, verkündet, eine so dumme, so unzu-
längliche und so oberflächliche Sache umhüllt; wir ärgern uns,
ein solches Geheimnis hineingedeutet zu haben, wo nichts
war und das ganze Geheimnis in uns war. Daher die zwangs-
läufige Enttäuschung bei nicht hinreichend vorgewarnten Bewusstseinen, die früher oder später aus der glücklichen Ehe
eine unglückliche macht. Diejenige, die ebenso dumm wie
schön ist, trickst auf die eine oder andere Weise, da sie mit
der Konvention der Allegorie bricht. Wir sind bestohlen. Wir
hatten ein Recht auf das Ganze und nicht nur auf die Hälfte
dieses Ganzen. Es ist also unsere betrogene Vorstellung, die,
indem sie Schwindel und Betrug leugnet, die volle Wahrheit
des καλοκἀγαθός [Tugendhaften] vervollständigen wird. Die
hellsichtigsten Frauen scheuen zu Recht diese schreckliche il-
lusionistische Macht der männlichen Vorstellungskraft, sie befürchten, der Form gebenden, sie idealisierenden Operation
nicht gewachsen zu sein, zu viel zu versprechen, um all das

zu halten, was ihre Schönheit in Aussicht gestellt hat. Das sagt
uns im Grunde die Julie von Charles Morgan. Ich bin nicht so
wahr, wie ich schön bin. Ich bin ohne Wahrheit noch Substanz.
Ich bin nicht die, für die ihr mich haltet. Bescheidenheit der
Geliebten, die sich als des Liebhabers unwürdig erkennt? Sagen wir lieber, das Bewusstsein des nicht-historischen, nicht-
dialektischen Charakters der Schönheit. Deshalb stellt sich
der hesiodische, desillusionierte Mann seine Gefährtin, seine
schöne Helena, seine ewige Pandora, als ein frivoles Idol vor,
so unergründlich wie das Schicksal. In jeder Schönheit gibt es
etwas unerklärbar Schmerzvolles, das an der Unmöglichkeit
der Vertiefung liegt und uns an die reine und irreduzierbare
Tatsache dieser schönen, nicht zu besitzenden Präsenz fes-
selt. Wie kann eine solche Gegenwart so voll von Dingen, so
schwer an Bedeutungen, so reich an Andeutungen erscheinen, wo es doch nichts über sie zu sagen gibt? Absolut nichts,
außer dass sie ist, was sie ist, gleichgültig, kindisch und unendlich vom Grund ihrer eignen Schönheit übertroffen. Die
schöne Rätselhafte, die ihre Tage vor dem Spiegel verbringt,
drückt aus, dass sie auf nichts anderes verweist, als auf sich
selbst, dass sie sich in dieser Taulegorie, die eine Tautologie ist,
gefällt, dass schließlich alles in ihr, wie bei der Existenz oder
dem nächtlichen Himmel, in der gegebenen Form liegt. So
ist die geliebte Träge Baudelaires, »Medaillon ohne Reliquie«,
bezaubernde Täuschung:

> *Mais ne suffit-il pas que tu sois l'apparence*
> *Pour réjouir un cœur qui fuit la vérité ?*
> *Qu 'importe ta bêtise ou ton indifférence ?*
> *Masque ou décor, salut ! J'adore ta beauté.*[41]

---

[41] [Charles Baudelaire, *L'amour du mensonge*, in: *Les Fleurs du
Mal. Tableaux Parisiens XCVIII*. Dt. Die Lust an der Lüge.
»Allein, genügt es nicht, daß du der Schein bist / um ein Herz zu
erfreuen, das vor der Wahrheit flieht? / Was kümmert mich dein
Stumpfsinn, deine Kälte? / Maske oder Zierde, sei gegrüßt! Ich bete

Was tun gegen das große Missverständnis der Geschlechter? Ganz offensichtlich sollte man von der Aphrodite ohne Vergangenheit nicht mehr fordern, als sie geben kann, mit jeder übertriebenen Hoffnung einer Verkennung vorbeugen, die die Erscheinung sowohl über- wie unterschätzt: sie überschätzt, indem sie sie wie die Chiffre oder das Symbol einer tieferen Realität behandelt, und sie abwertet, indem sie den Absolutismus eines Bildes, das nichts ausdrückt, verkennt. Denn derart ist das Gesetz des »Ikonismus«. Es geht darum, zu verstehen, wie, durch welche paradoxe Dissonanz und betrügerische Disjunktion dieses schöne Gesicht eine hässliche Seele verkünden kann. Denn das ist möglich: Die Schönheit ist reine Erscheinung, nicht nur im abgeschwächten Sinn des platonischen Exemplarismus (traut nicht den »Erscheinungen«), nach dem εἰχών *nur* Schatten oder Abbild der Archetypen ist, sondern im starken Sinn von *Erscheinung*, nicht Zurschaustellung von *etwas anderem*, Offenbarung[42] des Verhüllten, Verkörperung oder Theophanie, sondern schlichte Sichtbarkeit der Form: nicht Einverleibung, sondern Leibhaftigkeit. »Beauty is a letter of recommendation which it is almost impossible to ignore« schreibt Aldous Huxley. Zwar ist die Erscheinung nicht alles, was sie scheint, sie erscheint jedoch nur als das, was sie ist, und diese von unserer dialektischen Tiefe verkannte Gleichung der Arglosigkeit wiederherzustellen, danach muss die Therapeutik des Missverständnisses streben.

deine Schönheit an.« In: Charles Baudelaire, *Sämtliche Werke/Briefe*, Band 3, 2. Aufl., München/Wien 1989, S. 259, Übersetzung v. Friedhelm v. Kemp.]

   [42] [Dt. im Original.]

d. – Von der Zweideutigkeit: Homonymie und Allegorie

Für eine gleiche Haltung, für ein gemeinsames Verhalten gibt es also unzählige intentionale Weisen, und wenn Kleider keine Leute machen, dann weil unter dem gleichen Gewand ganz verschiedene Arten von Herzen schlagen können. Das Verhalten ist indessen nichts als ein Alphabet unter anderen; weder das kompakteste noch das ausufernste. Die Sprache ist die Quelle par excellence alltäglicher Missverständnisse, jener, die sich jede Minute im Kielwasser des Dialoges bilden, quer durch die sozialen Beziehungen alle möglichen imaginären Fäden, Verwechslungen und Pseudomorphosen ziehen. Die Ungleichheit von Zeichen und Sinn, worin die ganze Philologie des Missverständnisses beruht, nimmt hier zwei verschiedene Formen an, die ich *Paronymie* und *Allegorie* nennen werde. Zunächst die Paronymie und im besonderen die »Homonymie« oder Zweideutigkeit – denn für die »Synonymie«, die Überfülle der Wörter, wäre sie eher eindeutig als vieldeutig. Dem »Polytelismus« der Zeremonien und Riten entspricht hier die »Polysemie« der Wörter, das heißt die Anhäufung von Vorstellungen im Zeichen, wobei ein selbes Zeichen mehrere Vorstellungen bedient. Wie soll man sich da nicht jeden Moment irren? Es gibt nicht ausreichend Tasten auf der Klaviatur der Sprache, um die unendlich verschiedenen Nuancen des Denkens und der Leidenschaft auszudrücken; vervielfacht durch die Erinnerung, die bedingte Assoziation und eine kontinuierliche Dauer überschreitet diese Überfülle der bezeichneten Sache unermesslich unser Vokabular, unabhängig von den stilistischen Kombinationen … Kann man sich ein Lexikon emotionaler Bewegungen vorstellen, das ebenso umfangreich wäre wie ein Wörterbuch der affektiven Terminologie? Daher das brutale Ultimatum der Dilemmata und der Alternativen ohne Nuancen. Diese gegenseitige Implikation der Gedanken, mit der räumlichen Endlichkeit der Dialekte

konfrontiert, zwingt den Schriftsteller, die Dinge jenseits der
Wörter zu suggerieren, und den Leser, zwischen den Zeilen zu verstehen. So entsteht zwischen diesem Mund und
jenem Ohr eine unabgestimmte Zone des Willkürlichen, der
Andeutung und der freien Interpretation, ein Feld des Däm-
merlichts und der Streitigkeiten, so wie der Halbschatten der
Jurisprudenz die Gesetze umhüllt; von hier aus ist es erlaubt,
zu kritteln, zu übersetzen oder zu verändern. Syntaktische
Zweideutigkeit, Amphibolie der Wörter – in diesem Nebel
gedeihen die Missverständnisse am besten; Schikanen und
Unaufrichtigkeit manipulieren, die Mächte des Begehrens
phantasieren. All das Unausgedrückte, das man an der Tür
abweist und, weil es in den Sätzen keinen Platz findet, um
uns in Wellen der Hoffnung oder der Angst zurückfließt,
dieser vibrierende Lichtkreis bietet unserer Begehrlichkeit
die Wonnen der Sinnwidrigkeit; der rätselhaften Vorsicht jedoch bietet es tausend Verfahren, um anzudeuten, ohne zu
versprechen noch sich preiszugeben. Es gibt die pessimis-
tische und die wohlgesonnene Version und die ganze List
einer tendenziösen Hermeneutik, die ständig am Werk ist.
Wie viel Vorsichtsmaßnahmen zum Beispiel, um der inte-
ressengeleiteten Verwirrung bei den Formulierungen eines
Vertrages vorzubeugen! »Man kann für alles plädieren«,
das heißt: Es gibt keine verbale Evidenz, die nicht, wie alles
Bildliche[43] auch, mehrdeutig wäre oder einen semantischen
Überschuss an Hintergedanken und geistigen Vorbehalten
hätte, der das heftigste Feilschen um Klauseln erlaubt, die
man so oder so verstehen kann. Welche Grammatik wird je
alle derartigen Fälle erschöpfen, all jene Situationen eines
Bewusstseins, auf der Suche nach Strategien, um seinem
Schicksal zu entgehen?

---

[43] [Der Autor spricht hier von *Figuratifs* und verweist damit auf
Pascals *Gedanken,* Serie X, 457/572, Leipzig 1987, S. 200.]

Unter all diesen Amphibolien gibt es eine in gewisser
Weise exemplarische Duplizität, die alle anderen neu ein-
ordnet, da sie die große Dualität von Körper und Seele darstellt: der Körper des Logos, das heißt das Wort, das sich
direkt und einfach ausdrückt, und die Seele des Logos, die
sich indirekt, das heißt mittels zweier Instanzen ausdrückt,
die den Geist durch die ausgedehnte und sichtbare Materie
hindurch bezeichnen. Welcher Art auch die Natur der alle-
gorischen Bindung ist, die vom eigentlichen zum übertragenen, figurativen Sinn führt, ob konventionell, reflexiv oder
metaphorisch, sie setzt uns dem typischen Missverständnis
aus, welches nicht zwei widersprüchliche Möglichkeiten
verwechselt, sondern zwei bevorzugte beziehungsweise auf
zwei verschiedenen Ebenen gelegene Bedeutungen, die von
zwei ungleichen Exponenten affiziert werden, wobei sie den
einen für den anderen hält. Sind das Duale oder die Alternative nicht die charakteristischste Form des Plurals? Allein
der musikalische Ausdruck ist nicht gezwungen, zwischen
der Buchstäblichkeit des Wortes und dem Geist des Wortes
zu wählen, zwischen der ersten und der zweiten Ebene, dem
Grammatischen und dem Pneumatischen: Der fauréische
Diskurs stellt zum Beispiel zugleich das unmittelbare Wort
und die komplexe Chiffre dar, und jede Interpretation ist
ein Fehlgriff, die ihn das eine oder das andere sagen lässt,
während er einen Seelenzustand im Allgemeinen suggeriert,
ohne etwas im Besonderen auszudrücken. Daraus ergibt sich,
dass alle bildhaften Kommentare eines Nocturne allesamt
wahr oder allesamt falsch sind. Da jedoch eine Unterhaltung
kein Concerto ist und die Prosa, ja selbst das poetische Bild
sich entscheiden müssen, hat das Missverständnis noch eine
große Zukunft vor sich. Der eine hält das Exoterische für das
Esoterische und die konkretesten Bedrohungen für Formeln
oder Redeweisen: Beispielsweise interpretiert die intellektu-
alistische Exegese die heidnischen oder biblischen Mythen
als moralische Allegorien oder spekulative Symbole. Der

andere nimmt vor allem wörtlich, was nur der Form hal-
ber gesagt wurde, und wenn dieser sich durch zu viel Tiefe
irrte, täuscht sich jener aufgrund zu großer Naivität; denn
die Allegorie, damit sich keiner in ihr zurechtfinde, hält mal
die Leichtgläubigen zum Narren, mal die Subtilen. Die zum
Beispiel von Pascal als fleischliche Juden[44] Bezeichneten haben sich geirrt, als sie den Buchstaben der Schrift zu gewich-
tig interpretierten: Die Synagoge erwartete einen wirklich
königlichen Messias, sie hat folglich den esoterischen Sinn
der Christologie und die Präfiguration des Neuen Bundes
innerhalb des alten verkannt. So muss man nicht zu genau
sein wollen, wenn man Fehler vermeiden will, oder besser,
man muss es hinlänglich sein, um es nicht zu sein, wenn
man vor allem einfach sein muss. Auf jeden Fall erwach-
sen die meisten Missverständnisse des Herzens aus solchen
Ermessensfehlern; wer keinen Spaß versteht, hat eine flüchtige und »cum grano salis« gefallene Bemerkung tragisch
genommen oder hat eine generelle Kritik, die nicht gegen
ihn gerichtet war, auf sich bezogen. Ein anderer, dem es an
Humor mangelt, nimmt protokollarische, nicht wirklich
bedachte Versprechen ernst; wieder ein anderer, zu leidenschaftlich, interpretiert Übertreibungen, die schlichte Höf-
lichkeitsfloskeln sind, wortwörtlich. Man muss die Dinge
verstehen, nicht wahr, und wissen, was reden wirklich heißt.
Das ist doch klar. Wir werden weise und prosaisch sein, wie
am frühen Morgen. Doch sobald man in die Region der
Nuancen und in die Präzisionsmechanik der Leidenschaf-
ten und subtilen Bewertungen aufsteigt, hüte man sich vor
Fehltritten: Da packt der Wahn den großen Psychologen wie
einen Gymnasiasten und dieses nüchterne, nun ernüchterte

---

[44] [Pascal unterscheidet zwei Irrtümer: 1. alles wörtlich nehmen
und 2. alles geistig verstehen, der erste Irrtum sei der der *Juifs charnels*,
der fleischlichen Juden, die er von den *Juifs spirituels* unterscheidet –
vgl. Blaise Pascal, *Gedanken*, 256/662, Leipzig 1987, S. 116.]

Bewusstsein gerät aus den Fugen. Es gäbe in der Tat Gründe, den Kopf zu verlieren, wollte man all die schmeichelhaften Worte, mit denen uns die Gesellschaft überhäuft, für bare Münze nehmen. Wie viele Enttäuschungen erwarten den Betrogenen, wie viele schmerzliche Bindungen ist er eingegangen, er, der sich darauf eingestellt hat, ein für alle Mal alles zu glauben, was ihm an Angenehmem, Herzlichem und Schmeichelhaftem gesagt wird (dass man ohne ihn nicht auskommt, dass er der beste Walzertänzer ist, etc.) und alle Vorschläge, Einladungen und Glückwünsche beim Wort zu nehmen. Ebenso wie der Dienst nach Vorschrift, der eine Form des Streiks ist, zu Industriesabotage und zum Stau in den Bahnhöfen führt, führt die systematische Leichtgläubigkeit und die Aufrichtigkeit des Alceste, die ihr entspricht (wie dem Hörer der Sprecher), zum Stau der sozialen Beziehung. Wo kommen wir hin, wenn die Menschen anfangen, wirklich zu glauben, was man ihnen sagt – und was nicht dafür gedacht ist, geglaubt zu werden! Wer weiß, ob man ihnen nicht schließlich eines Tages statt der Lüge die Wahrheit sagen muss?

e. – Die gebrochene Konvention

Das Missverständnis, subjektiv in den Mächten des Begehrens begründet, nimmt seinen Ursprung in der Analogie zwischen dem Begrifflichen und dem Sosein und jener zwischen der unkontrollierten Erscheinung und einer durch die Zeit gereiften Wahrheit. In der Sprache findet es schließlich Tausende Komplizenschaften der Paronymie. Ob auf Worte oder Gefühle gerichtet, ist das Missverständnis ein relativ legitimer Irrtum, der nur möglich ist, weil die Bewusstseine übersensibel, kompliziert und empfindsam sind. Die Unwissenheit wie das Wissen beziehen sich auf das Sein und das Nicht-Sein, auf die Existenz und die Nichtexistenz; aber das Verkennen ist ein Fehler des Ermessens, der sich auf den Wert, das Gewicht und die Tragweite einer Existenz bezieht; und das Missverständnis fügt dem Verkennen noch die Vorstellung einer gebrochenen Konvention oder einer in ihrem Prinzip verfälschten Gemeinschaft hinzu. In der Mathematik gibt es nichts Abgemachtes, Vereinbartes oder Abgestimmtes: So kann man sich zwar in ihr den Irrtum vorstellen, nicht jedoch das Missverständnis. Das Missverständnis beginnt mit der Möglichkeit zweier Interpretationen. Die Sprache, die auf der impliziten und elementaren Übereinkunft beruht, dass die Äußerung wahrheitsgetreu ist, die Sprache verspricht uns, dass die bezeichnete Sache, nach einem bestimmten vereinbarten Verhältnis, dem Zeichen, das sie bezeichnet, »ähnelt«. Die Allegorie selbst, die einem komplexen und mittelbaren Gesetz des Ausdrucks gehorcht, muss ihre Versprechen halten; und die einfache Lüge stellt somit die erste Stufe des Dementis, den ersten Bruch des Vertrags dar. Gleichwohl hat uns die Erscheinung, Vorbote und Sichtbarkeit des Wesens, versprochen, dem relativ ähnlich zu sein, was sie ankündet; und gleichermaßen ist vom Schönen, wenn es denn da ist, das Wahre nicht weit, denn die Schönheit ist die Erscheinung κατ᾽ ἐξοχήν [schlechthin], die lieblichste Verlobung, die ganz Gold und Honig ist und die Wahrheit verkündet wie der Blitz den Donner; sie ist nicht mehr ein Omen im Wandel der Zeit, sondern ein unmittelbares Vorzeichen, was Platon sagen lässt, sie sei die Vorhalle des Tempels. Deshalb ist eine Erscheinung, die etwas anderem ähnelt als dem, was sie verkündet, oder ihrem eigenen Gegenteil gleicht – ein bescheiden aussehender Intrigant, ein Dichter, der einem Jockey ähnelt, ein Erwachsener, der um zehn Jahre jünger wirkt – diese Erscheinung, sage ich, schummelt im Spiel, sie kommt ihrer Verpflichtung zu ehrlicher und treuer Erscheinung nicht nach; und wenn überdies noch das verwirrte Bewusstsein – im Glauben an diesen Schwindel – in eine Art falscher Beziehung mit der

heimtückischen tritt, dann begründet der Betrug eine Ordnung des Missverstehens: Man bemerkt es an dem Tag, da
sich, durch ein unmerkliches Zeichen – ein desillusioniertes
Lächeln, eine überraschende Ungezwungenheit mit den
Frauen, eine gewisse maßvolle Ernsthaftigkeit der gesamten
Haltung – der falsche Jugendliche als Vierzigjähriger erweist.
Unter oberflächlichen Umständen des Lebens ist man so alt,
wie man scheint, in ernsten Angelegenheiten ist man jedoch
so alt, wie man ist. Beides zusammen. Von daher die Verwirrungen und Enttäuschungen, die unsere Unternehmen mal
trügerisch leicht, mal unangemessen schwer machen. Da
die leidenschaftlichste Beziehung die Liebe zwischen Mann
und Frau ist (denn der »Andere« par excellence ist das andere Geschlecht) und die Schöheit andererseits die verwir-
rendste Erscheinung ist, folgt daraus, dass der Liebesbetrug
die schlimmsten und dauerhaftesten Missverständnisse und
den heftigsten Groll in die Welt setzt. Fast jeder Mann hat
einmal in seinem Leben gedacht: Es ist nicht diese Närrin,
diese Furie, diese durchschnittliche Kleinbürgerin, die ich
geheiratet habe, die ich heiraten wollte. Sie sollte geistreich,
gebildet und vornehm sein; selbst ihre Ignoranz sollte inte-
ressant sein, dabei ist es reines Nichtwissen. Wo waren meine Augen, wo mein Herz? So tönt er gegen die Blindheit, die
einen solchen nicht wiedergutzumachenden Fehler möglich
gemacht hat. Wer hat tatsächlich Schuld? Schopenhauer sagt,
es ist eine List der Natur, deren Interesse das Fortbestehen
der Art ist und die ihre biologischen Ziele in das anmutige
Gewand der Wollust hüllt, so dass die Individuen mit Freu-
den und aus angeblich freien Stücken die Absichten des
Willens erfüllen. Man könnte in der Tat glauben, ein schel-
mischer Geist habe die Liebenden irregeführt, so viel Star-
sinn legen sie an den Tag, die Lektionen der Erfahrung zu
vergessen, so viel Eifer, nichts zu lernen. Kaum sind sie von
ihrer Närrin erlöst, rennen sie los, eine andere zu suchen.
Haben derartiger Irrsinn, derartige Trunkenheit des gesam-

ten Bewusstseins nicht etwas Übernatürliches? Nun ist die Mimesie von außen dementiert; alles, was äußerlich ähnelt und sich im Innern unterscheidet, bricht seine Versprechen – denn die Ähnlichkeit präfiguriert die Identität und, durch Annäherung, die Verdoppelung des Selbst unter den Arten des Anderen. Im Fall des stillschweigenden Übereinkommens schließlich liegt Verrat und Eidbruch vor, ohne dass es je einen Handel noch eine ausdrückliche Abmachung gegeben hätte: Ich hatte Grund zur Annahme, dass es abgemacht sei, und es war keineswegs abgemacht. Derart ist letztlich der menschliche, soziale und gewissermaßen juristische Aspekt des Missverständnisses; denn es genügt nicht, dass es seine Triebkraft im Begehren findet noch seine Quelle in einem Betrug des Schönen, in der verbalen Homonymie und Allegorie: Da die Zeichen, wie das Geld, zum Tausch und Handel geschaffen wurden, fühlt sich der Betrogene gewissermaßen in durch Brauch gefestigten Rechten beeinträchtigt, und es liegt eine Fälschung vor, obwohl es keinen Fälscher gibt.

Alles hängt also von einem gewissen qualitativen und intentionalen Element ab – hier die *Zeit*, anderswo das *Ereignis* oder die Effektivitätsklausel – ohne sie wird die Wahrheit »mit Tiefe« mit jener verwechselt, die keine hat. Ebenso besitzen die billige Erscheinung, der Halb-Luxus, den wir so bewundern, in einem Sinn sehr wohl all das, was wir ihnen zuschreiben; das Wort – zu ernst genommenes Versprechen, zu leicht genommene Drohung – ist tatsächlich gesprochen worden. Aber das gelinkte Bewusstsein weiß noch nicht, dass es in all dieser gut aussehenden Dummheit etwas Faules, Schieflaufendes gibt; es weiß nicht, dass alles in der Betonung liegt, in der Intonation und in den verborgenen, nicht täuschenden Anzeichen, die den Vorbehalt oder den Eifer, den bösen Willen oder die stillschweigende Weigerung verraten. Das von den Worten geblendete Bewusstsein vermutet nichts von all dem, es wird es jedoch später erfahren, früh genug. Das Missverständnis selbst ist also etwas, das sich *enthüllen wird*. Das Missverständnis ist immer für morgen, bereits heute ist es nur dem Psychologen und dem Soziologen gegeben, die fähig sind, die geheime Unstimmigkeit auf dem Grund der Übereinkunft zu entziffern. Unsere jetzige Aufgabe ist, über den Gebrauch dieser so wohl verstandenen Unverständigkeit nachzudenken.

2. Die Ordnung des Missverständnisses
   und wie es zu heilen ist

L. Faucon hat beim Autor von *L'Amour du mensonge*[45] Folgendes gelesen: »Das Missverständnis lenkt den Lauf der Welt. – Nur auf Grund des Allgemeinen Missverständnisses ist alle Welt sich einig. – Denn wollte es das Unglück, dass man sich verstünde, wäre es um jede Möglichkeit der Übereinstimmung geschehen.«[46] Das Missverständnis ist nicht einfach Betrug: Es führt unter den Menschen eine gewisse provisorische Ordnung ein, die zwar nicht die transparente Übereinkunft ohne Hintergedanken ersetzt, jedoch besser ist als die offene Zwietracht. Durch die Dummheit und Bösartigkeit der Menschen nötig gewordenes Übel, ist es, sagen wir, die unstimmige Übereinkunft oder die abgestimmte Unstimmigkeit, schlecht und recht im Gleichgewicht gehalten bis zum Tag des Kippens. Das Missverständnis stiftet unter den Kannibalen, die wir sind, eine Art *modus vivendi* und ein ganzes abgesprochenes Zeremoniell aus imaginären Verbindungen, falschen Streitigkeiten und Pseudo-Versöhnungen. Folglich ist es nicht übertrieben zu sagen, das Missverständnis habe eine soziale Funktion, da es die Soziabilität

[45] [Charles Baudelaire, vgl. Anm. 41.]
[46] [Aus *Mon coeur mis à nu*, dt. Mein entblößtes Herz, XLII, Charles Baudelaire, Sämtliche Werke / Briefe, Band 6, hg. v. Friedhelm Kemp u. Claude Pichois, München / Wien 1991, S. 253.]

selbst ist; es stopft den Raum zwischen den Individuen mit der Watte und den Daunen der stoßdämpfenden Lügen, es macht aus dem räuberischen und kantigen Barbaren einen zivilisierten Fälscher; denn die Betrüger würden sich nicht ertragen, wenn sie ihre *conditio* vertiefen müssten, und die totale Aufrichtigkeit, die durchscheinende Anständigkeit hätten bald ihre Ordnung in einen frenetischen Dschungel verwandelt.

a. – Der stillschweigende Pakt oder die schiefe Situation

Ich habe die beiden wesentlichen Varianten des Missverständnisses gemeinsam behandelt, die, wo der Betrogene guten Willens ist, und jene, bei der sich der Betrogene mehr oder weniger absichtlich »hereinlegen lässt«; da aber jede dieser beiden Varianten – relativ unbewusstes Bewusstsein und bewusstes Bewusstsein – sich ihrerseits in zwei weitere unterteilen, je nachdem, ob der Partner freiwillig oder nicht in der Doppeldeutigkeit verbleibt, ergeben sich die folgenden vier Fälle: 1) Beide Partner missverstehen sich gegenseitig, es ist die sterile Pseudo-Beziehung oder das *doppelte Missverständnis* im engeren Sinn, das bedauerlichste von allen, denn vielleicht wird nie jemand die Wahrheit erfahren. Es kommt vor, dass eine geteilte Liebe von beiden Liebenden ewig unerkannt bleibt, dass sie sterben, ohne sich gegenseitig durchschaut zu haben: Denn wer würde ohne einen zufälligen Hinweis oder eine äußere Vermittlung als erster das magische Rad der Missverständnisse anhalten? Wer von beiden würde den ersten Schritt machen? Und doch muss sich jemand entschließen, den ersten Schritt zu tun, wenn man zu einer Lösung kommen will. Beginnen Sie, Nachbar. Aber nein, es scheint im Gegenteil, als würde der eine Irrtum andere nach sich ziehen, das Misstrauen des einen die Reserviertheit des anderen verstärken, die ihrer-

seits die Zweifel des ersten rechtfertigt; so dass sich das Missverständnis aus sich selbst nährt, bis ans Ende aller Zeiten,
wenn der Tod dem nicht ein Ende bereitet. 2) Wenn einer
von beiden sich täuscht, der andere aber versteht, dass er irrt,
ist der Kreis unterbrochen, ob nun der Bewusste dem Unbewussten hilft und ihm einen Rettungsring zuwirft oder ob er
seine Überlegenheit ausnutzt und ihn vorsätzlich ertrinken
lässt: in diesem Fall ist es kein Missverständnis mehr, sondern ganz einfach *Betrug*. Wir sehen, wo das Gegenüber
zweier Unbewussten eine ausweglose Situation schafft, ein
Festklemmen, reicht ein einziges sich seiner und dem unbewussten Gegenüber bewusstes Bewusstsein, um die festge-
fahrene »schiefe Situation« in Bewegung zu bringen und ihr
einen Ausweg zu weisen, indem es an die Stelle der fehlenden Verhältnisse den unumkehrbaren Strom des Betrugs
setzt. 3) Der Fall des *wohlverstandenen* Missverständnisses
ist umgekehrt: Es ist der unechte Betrogene, der sich der aus-
zunutzenden Doppeldeutigkeit bewusst ist, der Partner wird
gegen dessen Willen missverstanden. 4) Wenn das doppelte
Unbewusstsein die Partner in der Blockade einer falschen
Beziehung festsetzt und wenn das einseitige Bewusstsein die
Blockade aufhebt, muss das doppelte Bewusstsein seinerseits
als unendliches dialektisches Spiel angesehen werden. Es ist
das *doppelt wohlverstandene* Missverständnis – nicht mehr
die falsche Beziehung, sondern die schiefe Situation. Jeder
von uns beiden hegt einen Zweifel an etwas. Ich verstehe dich
und ich weiß, dass du mich verstehst, so wie du selbst verstehst, dass du verstanden wirst;[47] anders gesagt, ich bin mir
deines Bewusstseins bewusst, das seinerseits des meinen be-

---

[47] Fjodor Dostojewski, *Les Possédés* [Die Dämonen, Erster Teil,
Drittes Kapitel: Fremde Sünden, 1. Abschnitt.: »aber ich bin überzeugt,
daß ihm nicht nur alles … bereits bekannt ist, sondern daß er auch
außerdem noch etwas weiß, was weder ich noch Sie bisher wissen, und
was wir vielleicht niemals erfahren werden oder erst erfahren werden,

wusst ist; all das selbstverständlich, ohne es zu sagen, denn
nichts wurde je vereinbart. Die Abmachung, wenn es eine
gibt, ist also nicht nur reziprok und bilateral, sie ist ganz und
gar stillschweigend und ohne Vorankündigung aufkündbar;
der Bruch bleibt jeden Moment möglich, ohne dass ich auch
nur die Möglichkeit hätte, mich zu beklagen oder beim
obersten Verwaltungsgericht Revision einzulegen. Derart
sind die Übereinkunft des Schauspiels und die Fiktion der
Oper; derart die geheuchelten Überzeugungen des Anwaltes,
von dem man annimmt, er verteidige eine Sache, weil er sie
für richtig hält, dabei verteidigt er sie, weil es sein Beruf ist
und weil sein Beruf heißt, auf Bestellung etwas zu vertreten,
sei es pro oder contra. Die Situation ist zwar nicht so schief
wie im doppelten Unbewusstsein – denn sie impliziert im
Gegenteil die doppelte Klarsichtigkeit –, sie ist dennoch eine
der verworrensten, konfusesten und sogar widersprüchlichs-
ten; eine unmögliche Situation, wo zu der doppelten Klarsichtigkeit eine doppelte Geheimniskrämerei hinzukommt,
die sie »uneingestehbar« macht, indem sie Prinzip und Praxis, Recht und Tatsache voneinander trennt: Denn sie ist nur
unter der Bedingung aufrechtzuerhalten, dass sie stillschweigend bleibt, und sie wird absurd, sobald man sie offen bekun-
det. Es sollte im Übrigen hinzugefügt werden, dass diese De-
batte kein Element des Überbietens oder des Fortschritts,
keinerlei dynamischen Wetteifer mit sich bringt: Sie steht
darin im Gegensatz zum Wettkampf zweier Heucheleien
oder zweier Ironien, die sich um die Wette teilen, um den
Bewusstseinsrekord zu schlagen und den Gegner reinzu-
legen. Es ist eine Partie ohne Gewinner oder Verlierer (da
jeder in ihr seinen Vorteil findet), eine Runde, in der die
Partner, die sich gegenseitig in die Karten gucken, nicht versuchen, sich zu überlisten, sondern ihre ganze Ambition

wenn es schon zu spät ist!« (Fjodor Dostojewski, *Sämtliche Romane
und Erzählungen,* a. a. O., 18. Bd., S. 136)].

darauf beschränken, durch eine uneingestandene Übereinkunft bestimmte illegitime und unhaltbare Vorteile aufrechtzuerhalten. Der Gedanke des Paktes selbst bedeutet Stopp, stationären Vertrag und Stillstellen einer Auseinandersetzung, an deren Einhaltung zwei sehr bourgeoise Bewusstseine Interesse haben. Sie kommen überein, dass im Austausch gegen solche äquivalente Konzessionen das eine Bewusstsein davon absieht, seine Straffreiheit, das andere, sein Recht zu missbrauchen. Das Missverständnis ist folglich kein aufregender Prozess, nicht einmal ein Null-Spiel, bei dem ein herausgefordertes Kräftepaar sich misst und neutralisiert (da es überhaupt kein Gefecht gibt), sondern die öde Erpressung zweier Kumpane, der eine wie der andere kompromittiert, die sich durch gegenseitige Einschüchterung respektieren. Diskretion schwören, sich verpflichten, die Untersuchungen nicht über einen bestimmten Punkt hinauszutreiben, als jemand gelten, der nicht sieht, was augenscheinlich ist – all das verrät in der vierten Kategorie von Missverständnissen die improvisierte Situation und die fortwährende Anstrengung, den Anschein zu wahren. Der Reiz dabei liegt darin, dass der Betrogene sich selbst hinreichend informiert gibt und bereitwillig mitspielt. Komödie, in gegenseitigem Einvernehmen akzeptiert, an der sich beide Partner umso freiwilliger beteiligen, als im Grunde niemand Interesse daran hat, dass das Missverständnis zu früh auffliegt; je später es sich auflösen wird, umso besser wird es für alle sein. Und wer weiß, wo die Frevel halt machen … Ja, Gott weiß, wie weit der Erste gehen wird, der unverblümt zu sprechen wagt und so die Konvention des Schweigens oder der Leichtgläubigkeit bricht! Unserer Interesse ist folglich, die Doppeldeutigkeit so lange wie möglich hinauszuschieben, den fatalen Moment hinauszuzögern, da sich die Konspirateure erklären müssen. Ist der Nebel der Uneindeutigkeit den dunklen Machenschaften der Steuerhinterzieher und Falschmünzer nicht günstig? Man würde in den sozialen

Pseudologien eine Unmenge dieser Missverständnisse finden, die Betrügereien zu nennen ungerecht wäre, da sie einen Kern Wahrheit enthalten und da hier wieder der Betrogene, zum Teil vorgewarnt, den Betrug in gewisser Weise
ahnt und in bestimmtem Maß Teil an dem Komplott hat;
komplexes Spiel, bei dem man intelligent genug sein muss,
um so zu tun, als spiele man gegen sich selbst; aber man hat
sich schon so an die Maskerade gewöhnt, dass man daran
nichts Schockierendes mehr findet; wir wären sogar bereit,
diese abgemachte Unabhängigkeit von der Praxis und der
Überzeugung als Zeichen höherer Zivilisation zu verstehen,
wirklich aufgeklärt, wirklich vernünftig. Die Analyse, wenn
man unparteiisch ist, muss nicht mehr die Synthese verlei-
den, und wir können das schöne kartesianische Bewusstsein
nicht genug loben, das sein Leben durch unüberwindliche
Trennwände aufgliedert, den Glauben für den Sonntag und
die Vernunft für die Wochentage vorbehaltend. Wer wagt zu
behaupten, ein solches Trennungsregime beweise keinerlei
Seelenstärke! Impulsiv ist, wer vorgibt, aus Liebe zu heiraten,
nach seinem Glauben zu handeln, seine Taten nach seinen
Worten und seinen Lebenswandel nach seinen Prinzipien
zu richten, von allen Dingen – wie einst dieser Journalist –,
für die man ihm eine Öffentlichkeit bietet, zu kosten. Ein
hohes »realistisches« Bewusstsein schaut gewöhnlich nicht
so genau hin; für die Karriere heiraten, korrekte Beziehungen zu dem unterhalten, den man verachtet, Politik und
Prinzipien voneinander trennen – das sind Zeichen eines
wahrhaft modernen Bewusstseins, das die Rechtschaffenheit
transzendiert hat. Man sagt: Geschäft ist Geschäft, oder
auch: Die Jugend muss sich die Hörner abstoßen. Daher die
fraglichen Freundschaften und unbestimmten Kamerad-
schaften. Was offiziell oder theoretisch nicht erlaubt sein
kann, ist de facto nicht verboten, unter der Bedingung, dass
nicht ein Tölpel die Frage aufwirft und somit das Fortleben
des Missverständnisses unmöglich macht. Das öffentliche

Interesse besteht also darin, hier wie anderswo, nicht zu vertiefen, alles stillschweigend und unausgesprochen zu belassen, so viel wie man kann auszunutzen und die Frage der Nichtanwendung der Prinzipien und des Schlafes des Gesetzes nicht zu stellen. So verewigt sich, zu Gunsten des Missverständnisses, ein notorischer Missbrauch, der allein an dem Tag unterbunden wird, da jemand das drückende komplizenhafte Schweigen bricht und es dadurch den Tartuffes unmöglich macht, weiterhin so zu tun, als wüssten sie nichts, oder, wie man diskret sagt, »ein Auge zuzudrücken«. Ja, aber wer wird anfangen? Wenn Sie also keine Pornographie sehen wollen, gibt es nur einen Ausweg: die Augen senken, sich das Gesicht verschleiern oder, wie der Vogel Strauß, den Kopf in den Sand stecken. Dies nennt sich auch »Toleranz«. Toleranz wie vieler erkaufter Kompromisse? Welcher niederträchtiger und entwürdigender Zugeständnisse? Ich sehe ein treffendes Beispiel dafür in der relativen und paradoxen Gesellkeit des Krieges: Der Krieg, der sich als totaler durch seine interne Dialektik selbst aufheben würde, hat Interesse daran, die Regeln des Spiels einzuhalten, damit das Gewerbe möglich bleibt. Durch einen edlen Euphemismus nennt man diese Regeln »Personenrechte«; manchmal bedingt die stillschweigende Spielregel sogar, dass sich die Generalstäbe gegenseitig verschonen: wie Liebende, die sich ohne viele Worte verstehen, oder wie Polizisten, die heimlich mit den Ganoven in eine gemeinsame Sache verwickelt sind, so sind die Kriegsparteien, obgleich Feinde, durch eine Art stillschweigende Verschwörung miteinander verbunden, ohne dass je jemand ausdrücklich etwas vereinbart hätte, und sie sind sich einig, nicht bis ans Ende ihrer Macht zu gehen. Wie können sie sich ansehen, ohne zu lachen? Das gleiche uneingestandene abgekartete Spiel regelt das Verhältnis der Verführer zu ihren Opfern und der überschäumenden Hochstapler zur dumpfen Menge; daher auch der Opportunismus der Schelme: Die grobe Täuschung wird, ich

betone es nachdrücklich, in mehr oder weniger eingestande-
nem heimlichen Einverständnis mit den Betrogenen ausge-
heckt, die in dem Maße, in dem sie in den Schwindel einwil-
ligen, ihren Betrug sehr wohl verdient haben. Betrüger und
Betrogene, sie stecken unter einer Decke. Allesamt Lügner,
Fälscher und Possenreißer. Sie sind einander würdig.

b. – Die falsche Situation ist negativ, heikel und lieblos

Ist das Missverständnis der fruchtbare Irrtum, die schändliche, aber notwendige Straffreiheit, die dem garantiert wird,
das die Regeln nicht befolgt? Präzisieren wir zunächst, dass
das Missverständnis dank seiner negativen Natur ein Prinzip der Enthaltung, nicht aber des Verhaltens sein kann; sich,
in Übereinstimmung mit dem Schmuggler oder nicht, zu
täuschen, ist nicht eine Weise, sich zu verhalten, sondern
vielmehr eine Modalität der Leere. Das Verzeihen ist eine
positive und liebevolle Beziehung zum Anderen, denn es
verschließt nicht die Augen; es öffnet sie im Gegenteil weit
und schaut auf die Bosheit, es sieht dem Bösewicht direkt
ins Gesicht und verzeiht ihm, nicht *obwohl* er bösartig ist,
sondern *weil* er unser bösartiger Bruder ist, das heißt aus
unerhörter, absurder und grundloser Nächstenliebe. Das
Verzeihen ist die totale Freimütigkeit, das Missverständnis
aber ist die Flucht in die Nebel der Unbestimmtheit; das
eine ist, so wie das Opfer, ungerecht aus Selbstlosigkeit; und
das andere aus Unterlassung, Nachlässigkeit und Faulheit.
Aus einer Ungenauigkeit oder einer zufälligen Auslassung
des Gesetzes, einem unvorhergesehenen oder ungelösten
Fall Gewinn schlagen – dies sind die nicht weit gedachten
Tricks, aber keine ernsthafte Haltung vor dem Leben. Be-
achten Sie vor allem, dass die natürliche Form des Missverständnisses das *Schweigen* ist, die Abwesenheit von Beziehungen. Es stellt, vereinbart oder nicht, die Themen dar, die

nicht behandelt werden, die Fragen, die nicht gestellt, die
heiklen Stellen, die im Gespräch vermieden werden: Man
spricht nicht von Fischen im Haus eines Ertrunkenen, nicht
von Buckeln im Haus des Buckligen oder von Hörnern im
Haus des Gehörnten. Und bei den Kahlköpfigen spricht
man nicht von Perücken oder Toupets. Es ist das Missverständnis, das diese peinlichen Leeren des Gesprächs, dieses
abrupte Zögern am Rand des Abgrunds herbeiführt; eine la-
tente Zensur wird ausgeübt, sie vervielfacht die verbotenen
Rubriken, die religiösen, politischen oder sexuellen Tabus.
Ich bestehe auf den letztgenannten, denn das aphrodisische
Missverständnis ist von allen das erstaunlichste, alle Spatzen
pfeifen es von den Dächern, es ist das von allen gekannte
Geheimnis, doch alle sind sich darin einig, es nie am Fami-
lientisch zu erwähnen. Gibt es etwas Komischeres? Alle sind
ins Geheimnis eingeweiht und alle winden sich, tuscheln
und setzen eine geheimnisvolle Miene auf, um etwas streng
Vertrauliches zu verraten, das sowieso in aller Munde ist.
Und sehen Sie, wie willkürlich in diesen Dingen die Konventionen der Scham sind; es ist eine abgemachte Sache, dass
die Menschen kein Sexualleben haben, und stillschweigend
wird vorausgesetzt, dass sie irgendwie zurechtkommen. Das
Ergebnis dieser Konspiration des Schweigens ist, dass in
bürgerlichen Kreisen die sexuelle Erziehung der Kinder dem
Zufall überlassen wird. Ich habe bereits das Missverständnis
des Todes aus der Perspektive des getäuschten Subjekts betrachtet, als eine Verwechslung zwischen dem Begrifflichen
und dem Tatsächlichen; aus dem Blickwinkel der Konspirateure wird jetzt erkennbar, dass die Euphemismen über den
Tod es mit den Heucheleien der Umschreibungen des erotischen Geheimnisses aufnehmen können. Nicht nur im
Hause des Gehängten ist es anstößig, vom Strick zu reden:
Die allgemeine Anweisung, die lächerliche Fiktion besteht
darin, so zu tun, als wüsste man nichts, obwohl alle sehr
wohl Bescheid wissen; man gibt vor, den Greis für unsterb-

lich, den Kranken für heilbar zu halten, und bis zur letzten
Minute erhält man diese Konvention des Optimismus aufrecht, klammert sich an jeden Grund zu hoffen, macht Pläne
für den nächsten Tag, spricht und denkt über die Zukunft,
als wäre nichts; einzig die Versicherungen und Notare haben das Recht, diese Ansicht nicht zu teilen und es zynisch
zu sagen. Und natürlich auch die Erben. Dies sind jedoch
Zonen eingegrenzter Offenheit, gleich den merkwürdigen
Einschränkungen einer Scham, die zwar Akt durch Takt
ersetzt, jedoch die Seebäder nicht daran hindern kann, die
Schwelle des Skandals anzuheben; denn man kann alles hören, wenn zuvor geklärt ist, dass man nicht schockiert sein
wird. So wie man zum Beispiel ohne Scham seinen Hintern
dem Mediziner zeigt.

   Das Missverständnis ist nicht nur Enthaltung. Es begründet vor allem eine historische Pseudo-Kausalität, eine prekäre Ordnung und, ganz Fassade, ein falsches Einvernehmen, das nur so lange fortbesteht, wie man den Gründen
nicht nachgeht, denn es ist eine Einigung, die auf Egoismus
und Betrug basiert. Ist die Lüge als Kunstgebilde nicht Un-
beständigkeit? Von allen Seiten von unzähliger, ozeanischer
und natürlicher Wahrheit umschlossen, ist sie der kleinsten
Widersprüchlichkeit und der geringsten Flucht ausgeliefert;
sie fordert ständige Überwachung, um sich nicht »zu verplappern«. Die Wahrheit, sagt man, spricht sich am Ende
herum, da den Verleumdern früher oder später die Luft
ausgeht, statt dass die umgebende Wahrheit, jeden Moment
und ohne Anstrengung wie die atmosphärische Luft präsent,
notwendigerweise das letzte Wort haben wird. Ich sagte, die
Uneinigkeit wird verschoben: Heute herrscht Waffenruhe,
die verquere Ordnung des Missverständnisses, das heißt
bewaffneter Frieden und falscher Bund falscher Ehepaare.
Es ist das Damoklesschwert. Man kann recht lange mit einer stillschweigenden und angeblich unbemerkten Zweideutigkeit leben; im Verlauf der Jahre wird die Klarstellung

der Missverständnisse unaufhörlich vertagt und wir verlängern so weit wie möglich diesen Zustand der Waffenruhe, der letztlich gut zum Provisorischen unserer *conditio* passt. Hierin liegt ein großer Unterschied zwischen dem Missverständnis, dem latenten, psychologischen und menschlichen Irrtum, und der explosiven Falschheit: Ein Rechenfehler gestattet weder dem Buchhalter, seine Berechnungen abzubrechen, noch dem Astronomen, seine Vorhersagen zu überprüfen, noch dem Architekten, ein Problem der Wölbung zu lösen; die Brücke wird zusammenstürzen ohne Rücksicht auf die annähernde Richtigkeit. Stattdessen erlaubt uns ein Missverständnis, unsere Angelegenheiten am Laufen zu halten und schlecht und recht Zeit zu gewinnen. Die wahren Gründe einer Institution sind nicht die, die man zugibt oder verkündet – wir sind nicht mehr so naiv, das zu ignorieren. Die englische Entwicklungspsychologie beschreibt die sakrosankte Verkleidung (Freud sagte Sublimierung) der moralischen Motive und des Mechanismus der »Übertragung«, der ihrer Kanonisierung vorausgeht; der Marxismus seinerseits prangert die ökonomischen Interessen an, die sich hinter den edlen kriegerischen Ideologien verbergen; ein dritter Fall genealogischen Schwindels sind die Regimes der Usurpation und der Lüge, damit beschäftigt, sich eine Hagiographie zu schaffen. Wir wissen, welche Rolle [Albert] Sorel und [Hendrik] de Man den Mythen beimessen: ein Märtyrer, ein Emblem, ein Marschlied – und schon hat man das unabdingbare Minimum, um die schändlichen Ursprünge unter der trügerischen Vergoldung der Legende zu verstecken. Viertens gefallen sich Philologen wie Heyne, von Humboldt, Max Müller oder Usener darin, die linguistische Maskerade als Quelle der Mythen anzuprangern. Man erinnert sich wie an eine Ironie der Geschichte an die Plagiate, Wortspiele, Alliterationen und Sinnwidrigkeiten, die mitunter am Anfang eines Rituals oder eines Dogmas stehen, an die berühmtesten syntaktischen Fehler, Apokryphe oder

falsche Etymologien, die große religiöse Spaltungen hervor-
riefen; und man bewundert, dass der Lapsus einer Sekunde,
lächerlicher als das byzantinische Jota oder die Biegung der
Nase Kleopatras, so dauerhafte Auswirkungen haben konnte. Dieser Lapsus jedoch ist wie die Zeitbombe, deren Uhr-
werk die Explosion verzögert.

Es kann auch nichts Beständiges außerhalb der Sympathie begründet werden, und die Ordnung des Missverständnisses schließt die Sympathie aus; besser noch, es ist ohne
den direkten und transitiven Strang, der von *mir* zu dir ver-
läuft, sich an die Person selbst richtet, die Herzen anspricht,
mit der Selbstheit per du ist, das brüderliche Gespräch des
Wir begründet. Es gibt also keine wechselseitige Gemeinschaft nach dem Bild des verliebten Duos, das der Prototyp
jeder Gegenseitigkeit ist, sondern eine mechanische Ordnung, die die Hampelmänner in den gleichen Schwindel
einschließt. Kurz: Zwei Partner sind sich einig, nicht weil
sie wirklich *untereinander* übereinstimmen würden, sondern weil einer den anderen zum Narren hält oder weil ein
Dritter, der den einen wie den anderen zum Narren hält,
sie einig werden lässt, ohne dass sie selbst wüssten, warum.
Die Marionetten haben wohl ihre Autonomie, aber der Syn-
chronismus ihrer Beziehungen oder die Abstimmung der
Fragen und Antworten im Gespräch sind es, die entweder
von einer vorher festgelegten Harmonie geregelt werden
oder von einem unvorhergesehenen, transzendenten und
unaufhörlich fortgeführten Zufall. Es reicht nicht, dass eine
Biographie ihre Ereignisse *während* der Ereignisse der anderen ablaufen lässt. Der Kontrapunkt selbst hat eine Seele, insofern der Parallelismus seiner Stimmen ausdrücklich
Note für Note von einem musikalischen Willen geregelt
worden ist, der mehrere Melodiestücke zusammen singen
oder sprechen lässt, alle gleich ausdrucksstark und dennoch
eines mit dem anderen verwoben im lebendigen Austausch
der Fuge. Ein ein für allemal geregelter Wechsel hat dagegen

keine Seele. Die mondäne Konversation erinnert übrigens
oft an diese so ungeheuer komischen »Gags«, wo zwei Gesprächspartner mit den gleichen Worten von verschiedenen
Dingen sprechen und recht lange ihr »Gespräch« fortführen,
obwohl keiner von beiden dem anderen zuhört. So in der
doppelten Verwechslung in Gogols *Revisor*, wo der Bür-
germeister Chlestakow für den Inspektor hält, während der
falsche, bis über die Ohren verschuldete Inspektor glaubt,
mit dem Kommissar zu sprechen, der ihn festnehmen wird.
Sokrates, der Dialektiker, wusste, dass die fortlaufenden
Diskurse, die Antilogien der Rhetoren, Sophisten und anderen Schönredner einfache Rezitationen sind und dass
deklamieren nicht ein Gespräch führen heißt. Als ob zwei
Monologe je einen Dialog ergäben! Das Missverständnis
synchronisiert die menschlichen Selbstgespräche. Mit par-
allelen Einsamkeiten schafft es den Anschein von Austausch,
eine sogenannte Kommunikation der Freundschaft, gewebt
aus in die Leere gehenden Reden, aus nebensächlichen Ein-
wänden und Antworten, die auf nichts eingehen. So groß ist
die Trägheit des in seiner inneren Logik und fehlenden Neugier eingeschlossenen Ichs, dass das lächerliche Spiel kraft
der erzielten Bewegung ganz von allein weitergehen kann,
und die Redenden ziehen sich befriedigt voneinander zurück, wenn sie in einem Wort des Partners die Gelegenheit
gefunden haben, ihre Tirade aufzuhängen. Automatismus
und Taubheit – das ist die Ordnung des Missverständnisses:
Dialog mit niemandem, mit dem Phantom von jemandem,
mit einer Puppe, ganz ausdrücklich dafür hergestellt, dass
die Vortragenden ihre Konferenz unterbringen können. Die
Brüderlichkeit ist nicht viel enger, wenn die öffentlichen
Mächte alle Individuen an der gleichen Institution interes-
sieren, indem sie in jedem verschiedene Seiten anklingen
lassen: Die Bürger kommen gut miteinander aus, obwohl
sie sich nicht verstehen, das heißt, sie treffen in der Akzep-
tierung bestimmter gemeinsamer Regeln aufeinander, ohne

sich *gegenseitig* zu lieben; eine solche Gemeinschaft ist viel
mehr ein Parallelismus der Vetternschaft als eine Reziprozität der Liebe, oder, um die scholastische Unterscheidung
aufzugreifen, eher eine Einheit der »Analogie« als eine Einheit der »Partizipation«. Einmal mehr haben wir die Einheit
der Fremden und Gehörlosen. Man wird geltend machen,
dass das Missverständnis, als Wille zur Ungenauigkeit, zumindest dieses ungerechtfertigte Vertrauen stiftet, das mehr
ist als ein modus vivendi, da ohne es weder Handel noch
Geselligkeit möglich sind: Wir vermeiden entgegen jedem
gesunden Menschenverstand, an die Verleumdung und die
Unaufrichtigkeit des anderen zu glauben, denn wir wollen
einfach gar nichts bemerken oder, wie Pascal sagt, uns die
Augen auf angenehme Art blenden; unser Nächster muss
wirklich eine unverbesserliche Perversion und eine augen-
fällige Bosheit aufbieten, um uns zum Aufgeben dieser un-
haltbaren Fiktion des Optimismus zu zwingen. So lange wie
der böse Wille der anderen besteht, durch seine Diskretion
Komplize unserer Schliche, können wir weiterhin so tun, als
würden wir nichts sehen und nicht hören, was hinter unserem Rücken gesagt wird; aber sprechen Sie nicht zu laut,
wenn Sie möchten, dass mein Vertrauen wahrhaftig scheint;
richten Sie es so ein, dass ich nichts höre, und denken Sie
bitte an meine Pflichten mir selbst gegenüber. Es ist die Geschichte des betrogenen Ehemannes, der, den Pfahl im Flei-
sche, sich eines schönen Tages gezwungen sieht, aus Besorg-
nis um den Schein und seine persönliche Würde, wütend zu
werden. Man muss uns helfen, wenn wir die Augen schließen sollen! Liegt darin nicht dennoch wieder die Politik der
Verblendung und der Feigheit? Es scheint, das Böse existiere
nicht, solange man es nicht sieht und sich die Ohren zu-
stopft … Wie wenig überzeugt diese Wahrnehmungsweise
von sich selbst ist! Lieber Verdacht und grausames Misstrauen als Betäubung; und zuallererst die Wahrheit, nicht
wahr. Wie soll die Wahrheit diese geisterhafte Ordnung

durchdringen, die so vollkommen dem Bild der Gespenster, die wir sind, entspricht?

c. – Die Tölpelei, das Enfant terrible und der Tod

Die Abmachung kann durch den Missbrauch einer der Parteien platzen, die zu ihrer Seite hinüberzieht und so das empfindliche Gleichgewicht bricht. Derjenige, der das Missverständnis auf diese Art auflöst, hat nicht unrecht, da er einseitig ein unzulässiges Regime außer Kraft setzt, außerdem hatte er nichts unterschrieben; er ist jedoch auch nicht völlig im Recht, da er als Komplize einer bestimmten Ordnung diese in verräterischer Weise zerstört. Die Geschichte der zaristischen Ochrana [Geheimpolizei] ist voll von diesem spannenden und schrecklichen Spiel, das sich zwischen der Polizei und den Lockspitzeln, die jeden Moment kurz davor stehen, wirklich wieder Revolutionäre zu werden, abspielt. Die beiden Vertragspartner in diesem teuflischen Pakt – der Polizist, der ausgezeichnet die psychologische Neigung des reuigen Terroristen kennt, erneut ins Lager seiner alten Kameraden hinüberzuwechseln, der Doppelagent, der sich überwacht weiß und die Polizei im Griff hat so wie sie ihn – diese beiden Parteien spielen ein tragisch enges Spiel, sie beobachten sich, sind beim ersten verdächtigen Zeichen zum Sprung bereit. Bis zum Äußersten angespannt zwischen der polizeilichen Erpressung und dem nihilistischen Druck neigt die Situation des Spions dazu, von der Unbeweglichkeit des Paktes zur dialektischen Mobilität der Überbietung zu gleiten; und es ist nicht selten, dass ein russisches Bewusstsein, über dem Steilhang des doppelten Spiels von Schwindel ergriffen, stolpert und die Kontrolle über sein Referenzsystem verliert. Dennoch ist das die erste Lösungsweise dieser Missverständnisse: Das begrenzte und eingefrorene stillschweigende Einverständnis taut auf zum Betrugswettstreit;

die unlösliche Klarsichtigkeit schlägt um in fruchtbare Duplizität. Nicht dass der Bewusste den Unbewussten herein-
legt, wie beim statischen Betrug; vielmehr sucht der Bewusstere den weniger Bewussten zu fassen, und es kommt darauf
an, wer der Bewusstere sein wird. Die Verflüssigung des
zweiseitigen Missverständnisses stellt in einem Sinn ein nor-
maleres, weniger paradoxes Regime wieder her, eine wahre
Konkurrenzsituation ohne juridische Fiktionen. Es ist ein
Verrat, der gewöhnlich die ganze Zeit über fortbesteht. Es
kommt aber auch vor, dass ein Dritter die Auflösung des
Paktes übernimmt. Diese dritte Person ist der *Tölpel*. Die
Tölpelei ist gewissermassen ein spontaner Einspruch der
Wahrheit, die, trotz allem stärker als unsere Lügen, um sich
auszudrücken die Worte eines Tolpatsches[48] wählt. Da die
Menschen nicht den Mut haben, selbst die Uneindeutigkeit
anzuklagen, weil sie es nicht verabscheuen, in der Hässlichkeit, dem Müll und der Lüge zu leben, unterwerfen sie sich,
gutwillig oder gezwungen, dieser Chirurgie des Skandals:
Denn der *Skandal* liegt in der Bekanntgabe des heimlichen
Vertrages – nicht in der Tatsache der Unmoralität an sich
oder in der Existenz eines abgekarteten Spiels, über das die
ganze Stadt lachte, sondern in der Pflicht, öffentlich etwas
zuzugeben, was nur lebensfähig war unter der Bedingung,
latent und verschwiegen zu bleiben; Proust[49] spricht äußerst
richtig von diesem fatalen Wort der Tölpelei, manchmal vom
Mané-Thécel-Pharès am Rand des Abgrunds zurückgehal-
ten, der unsere Vorstellung einer Situation neu gliedert und
vervollständigt. Der Wirbel, der mit der Bekanntgabe des
schändlichen Vertrages einhergeht und der am helllichten
Tag absurd und unmöglich geworden ist, dieser Wirbel ist

[48] Renné Le Senne, *Le mensonge et le caractère* [Die Lüge und
der Charakter, Paris 1930], S. 54–57, wo die Enge des tölpelhaften Be-
wusstseinsfeldes betont wird.
[49] [Vgl. Marcel Proust, *Auf der Suche nach der verlorenen Zeit*,
Bd. 4:] *Sodom und Gomorra* [Frankfurt a.M. 1999, S. 26].

genau das, was wir Skandal nennen; es ist widersprüchlich, mit seinem Feind gemeinsame Sache zu machen, und wenn ein beweglicher Geist voneinander getrennt die Regeln und die lokalen Ausnahmen von dieser Regel denken kann, lehnt der totalitäre Instinkt dies ab. Natürlich sind die, die in ihrer gekränkten Tugend am lautesten schreien, nicht die Unschuldigsten; aber das ist nicht die Frage. Sie protestieren gegen jenes, womit ihr wohlabgewogenes Widerstreben, ihr Tratsch und ihr Lächeln eines scharfsinnigen Geistes, der eh Bescheid weiß, sie heimlich zu Komplizen machte: Denn der Pakt wäre nicht ohne die stillschweigende Zustimmung, ohne das »peccatum omissionis« all der wohlerzogenen und wohldenkenden hohen Persönlichkeiten. Der Tölpel also übernimmt den Skandal. Der Tölpel stört mit einem hingeworfenen Wort die frommen Lügen, die auf eine schwierige oder heikle Situation Rücksicht nahmen, die Gegensätze ausglichen, aber schlecht und recht einen Modus vivendi schufen. Der Tölpel sagt, was man nicht sagen soll, gerade dann, wenn man es nicht sagen darf, dort, wo man es nicht sagen soll; mit einer Art unfehlbar hellsichtiger Taktlosigkeit wählt er den unpassendsten Ort und Zeitpunkt; auf unseren Schachbrettern bringt er die subtilen Konstellationen des Betrügers durcheinander und stößt sie um; ihm entschlüpft indiskret eine Wahrheit, die er für sich behalten sollte. Er ist ungewollt blasphemisch; er spricht das verbotene Wort aus, die Wahrheit, die Tabu ist, ohne Rücksicht auf die Komplexität der Umstände. Die Tölpelei ist die massive, unzeitgemäße und ungelegene Verabreichung dieser Wahrheiten, die eine zivilisierte Dosierung allgemein Tropfen für Tropfen zuteilt. Le Senne sagt subtiler Weise: Eine Tölpelei begehen heißt, vor jemandem an etwas denken, was man nicht aussprechen darf, statt an die Gründe, es nicht zu sagen. Der Tölpel, besessen und schwindelerregend von der *Sache* selbst angezogen, wird taub gegenüber den Verbindungen und *Verhältnissen*, welche die Sache nuancieren und sie mit den an-

deren in Beziehung setzt; die Wahrheit eines Augenblicks
zwingt sich ihm anstelle der vollständigeren und generel-
leren Wahrheit auf; das Wort verdrängt den Geist. Da niemand sich traut, braucht es wohl irgendeinen Dummen, der
es übernimmt, die Dinge dort beim Namen zu nennen, wo
man es nicht soll, lauthals das abgekartete Spiel zwischen
dem Wilddieb und dem Gendarmen anzuprangern und, wie
man so falsch, das heißt so richtig sagt, zu jeder Gelegenheit
»ins Fettnäpfchen zu treten«. Es ist erniedrigend für uns,
dass eine so wichtige Rolle in der Bekundung der Wahrheit
durch unsere Feigheit dem erstbesten Trottel zukommt;
nicht weil, wie man vermuten würde, der Trottel subtil wäre,
gewohnt, die feinen Nuancen zu erspüren, die Homonyme
und Menechmen [Doppelgänger] zu unterscheiden, das Eigentliche vom Figürlichen, die Wahrheit von der Erscheinung, das Ereignis von den Diskursen zu trennen, – sondern
im Gegenteil weil er der Tölpel ist, das heißt der Unbewusste,
derjenige, der sich vom Doppeldeutigen fangen lässt und der
in alle Fallen der Sphinx fällt. So einen hat der Finger des
Schicksals bestimmt, der Wahrheit als Instrument zu dienen!
Ist es nicht göttlicher Hohn, dass wir anderen, die Doppel-
agenten, von diesem Unschuldigen, diesem Simpel, diesem
Denunzianten entlarvt werden, ohne dass er es will? Die Vorsehung hat die Listigen zu ihrer Verwirrung der Gnade eines
schändlichen und entwaffnenden Zufalls ausgeliefert, der sie
in Atem hält, so wie sie die Erwachsenen der Willkür der
schrecklichen Kinder und den römischen Triumphator der
seiner Sklaven preisgegeben hat. Das Enfant terrible und der
Tölpel, beide sind das reine Sprachrohr des Skandals, blind
und hellsichtig in einem, beide wissen nicht, was sie tun.
Und je einfältiger der Hampelmann, um so peinlicher seine
Einmischung in die subtilen Vereinbarungen des Missverständnisses. Allein der Tod kann in diesem Punkt den Vergleich mit dem Kind aufnehmen, denn er ist das reine *Ein-
greifen*, das Eindringen eines Ereignisses, das allen Umstän-

den des Lebens völlig fremd ist und in keinem Zusammenhang mit ihnen steht. Ich würde beinahe den Tod als äußerste oder höchste Tölpelei ansehen und den Verstorbenen als
Tölpel par excellence, der durch sein Hinscheiden alle Kombinationen zerstört, alle Verträge zerreißt, alle Missverständnisse auflöst – nicht weil er sie erhellen würde, sondern weil
er darüber hinweggeht: Denn vor dem absoluten, totalen,
unendlichen Unglück heben sich die endlichen Interessen
auf. Die von den Friedhöfen sind notwendigerweise von
Kontrollen ausgenommen, die Angelegenheit ad acta gelegt,
die Aktion erloschen; es ist die große, die definitive Verjäh-
rung von allem. Wir schulden den Sterbenden die Wahrheit,
heißt es im fünften Akt der *Pelleas*; der Tod ist jedoch auch
die Wahrheit selbst und das Wahre hat das Wahre wohl verdient. Ja, die Wahrheit spricht durch diesen stummen Mund
besser, als sie es durch jenen des erbarmungslosen Alters
könnte. Wer würde daran denken, mit dem Sterbenden Ge-
heimniskrämereien oder Kokettereien zu betreiben, mit jenem, den die Agonie bestimmter Interessen entzieht, um ihn
vor die Alternative des Seins oder Nicht-Seins, des Alles oder
Nichts zu stellen? Der Tod will die bedingungslose und um-
fassende Beichte, ohne Hintergedanken noch Andeutungen,
noch geistige Vorbehalte. Ich weiß viele solcher Poseure, für
die der nahe Tod der einzig aufrichtige Moment eines ganzen
weitschweifigen, allein auf Darstellung gerichteten Lebens
war, die einzige ungeschminkte Geste, die keine zu spielende
Rolle war; ihr Tod war ihre einzige Wahrheit. Der Humorist
selbst macht schließlich, zum ersten Mal in seinem Leben,
etwas Ernsthaftes, doch dieses erste Mal ist auch das letzte.
Man kann seine Krankheit deklamieren oder den Tod der
anderen rezitieren, seinen eigenen Tod jedoch stirbt man
immer ungekünstelt. Zwar kann der Tod selbst, für den Helden des Komödiantentums, zum Vorwand großer Gesten
werden, und eingefleischte Schauspieler haben sich im Moment des letzten Atemzugs nicht aus der Fassung bringen

lassen, aber ich meine, die Figur wird wieder zur Person, wenn ihr theatralischer Selbstmord alles opfert, einschließlich der Freude, ihm beizuwohnen, des Schauspiels der Zeugen, des Ruhms und all der Lust des gespaltenen Bewusstseins … Denn muss man nicht ein Held sein, um sich, als Dritter, diese radikale Aktion vorzustellen, bei der man nicht nur gleichgültiger Schauspieler ist, sondern auch das Opfer? Ohne Zweifel inszeniert auch der Opernsterbende die Umstände und Präliminarien seines Hinscheidens, jedoch nicht den Moment des Sterbens selbst; die »letzten Augenblicke«, wie man würdevoll sagt, nicht aber den großen Sprung ins Leere. Diesen Sprung, der immer schweigend ist. Wie beim Tod der Melisande – niemand hat etwas gesehen noch gehört. So ist auch in der Erzählung des *Phädon* [Platos] der erhabene Tod des Sokrates, dieser Tod, göttlich gerade, weil so prosaisch. Er spricht keine historischen Worte, sondern er sagt: Opfert Äskulap einen Hahn – so wie er auch hätte sagen können, vergesst nicht, den Briefträger zu bezahlen. Abgesehen davon, dass ein Tod, selbst ein pathetischer, ein würdevoller Protest gegen die Verkommenheit und Lüge der Menschen sein kann und dass auch die hochtrabende Ausdrucksweise einen tiefen Ernst aufweisen kann. Andererseits ist der Tod nicht nur der Eingriff, das reine Fremde, noch einzig die totale Tragödie: Er ist auch die Isolierung der Selbstheit, er löst ihre sämtlichen Verbindungen zur Welt, das heißt zur Fiktion auf; er lässt sie allein, nackt, hilflos, nicht einmal in der Lage, sich als etwas auszugeben …

Tu descends là-bas seulette
Dans le froid royaume des morts.[50]

---

[50] [Dt.: Du steigst mutterseelenallein dort hinab / Ins kalte Reich der Toten. V. Jankélévitch zitiert aus dem Gedicht *A son âme* von Pierre de Ronsard, wo es heißt: *Tu descends là-bas foiblette pasle maigrette seulette dans le froid royaume des morts.* – Das Gedicht gehört zu den Amours (Liebesgedichten), die zwischen 1552 und 1578 entstanden.]

Von nun an kann mir nichts und niemand mehr helfen, und selbst die Hilfe der Religion begleitet mich nur bis zur Schwelle, bis zu dieser schwindelerregenden Schwelle, die man allein überschreiten muss und die niemand an meiner Stelle übertreten kann: Denn das Opfer eines anderen kann wohl den Moment des Erscheinens für mich verzögern, nicht aber mich überhaupt von der Verpflichtung zu erscheinen entbinden; mich in dieser bestimmten Funktion vertreten, jedoch nicht als »Vereinzigter«[51] vor jenem, der auf Herz und Nieren prüft, μόνος πρὸς μόνον [Eins nach dem Anderen]. Ebenso wenig, wie man sich anstelle seines besten Freundes operieren lassen kann, wenn er der Kranke ist. Dieses Sterbebett ist also sehr wohl ein Bett der Nacktheit, der Wahrheit und der Einsamkeit. Kein falscher Schein mehr. Eripitur persona, manet res. Das ist, wie Montaigne[52] sagt, der Große Tag, an dem es keine Heuchelei mehr gibt, wo man Klartext sprechen und zeigen muss, was auf dem Grund des Topfes übrig bleibt. An diesem Tag wird es sich erweisen, ob eure Reden aus dem Munde oder dem Herzen kamen. Der Tod ist wie die Tölpelei, nur tiefgründiger, der Skalpellschnitt inmitten des Skandals. Zwar kann der Abszess sich nach der Beerdigung des Störenfriedes wieder schließen, so wie er sich in den Salons nach Ausschluss des Tölpels wieder schließt. Doch was für eine Lehre für uns, dass es nichts weniger als die radikale Katastrophe brauchte, um diese Kruste der Fiktion, des Schweigens und des Komödiantentums aufzubrechen, die das Leben umgibt!

Das vom Tölpel, Enfant terrible oder Tod verursachte Aufsehen stiftet zunächst unter den wohlerzogenen Leuten große Bestürzung. Der Lästige bringt die Kartenhäuser zum Einstürzen, zerschlägt das Geschirr, zwingt dazu, Unklarheiten zu überprüfen und ungeschriebene Bräuche, die

---

[51] [V. J. benutzt den von Henri Corbin gebildeten Ausdruck »esseulé«.]
[52] [Vgl. Michel de Montaigne, *Essais,* I, 19, a. a. O., S. 44 ff.]

νόμοι ἄγραφοι [ungeschriebene Gesetze] der Scheinheiligkeit, in Frage zu stellen. Der Tod, ich beharre darauf, ist auf
seine Art genauso schlecht erzogen wie der Indiskrete, der
Trampel, der den wahren Namen der Pseudonyme von den
Dächern schreit. Der Tod dieses Toten lässt die gute Gesellschaft erschaudern, und die Herrinnen des Hauses haben
die Aufgabe, vor ihren Gästen diese unschicklichen Themen, die ihnen nicht gut bekommen, zu vermeiden: Denn
in jedem Tod gibt es ich weiß nicht welches Übermaß, das
gegen den guten Ton verstößt. Ein redliches Scherzen, eine
vorzügliche Ausbildung halten uns also ebenso weit entfernt
vom schulmeisterlichen Gehabe wie vom schonungslosen
Realismus, in dieser Zwischenebene zwischen dem Alles
und dem Nichts, dem Anfang und dem Ende, wo sich die
Wesen »partes extra partes« und sich gegenseitig im Verhältnis zum anderen fortsetzen. Gegen Gotteslästerer, die
das Geheimnis ausplaudern oder einen Skandal anzetteln, kann man wenigstens die Exkommunikation erlassen,
wenn nicht Strafen verhängen, die die Überläufer der Geheimnisse treffen. Was aber gegen einen Toten? Man kann
einen Toten nicht töten. Allerdings haben wir mehr als ein
Mittel, den Schaden zu begrenzen, die Auswirkungen des
Streichs einzudämmen, die der Tote uns durch sein Sterben gespielt hat: Anzeigen, Nachrufe, Trauerzeremonien
dienen uns dazu, den Tod zu verharmlosen, indem wir die
scharfe Spitze der Wahrheit abstumpfen, die beinahe aus
unseren Pseudologien die Luft abgelassen hätte; und der
Tod, schamhaft zum »Ableben« geworden, wird nach dem
Herrichten ein gesellschaftliches Ereignis, wie die »großen«
Hochzeiten, Sommerfeste oder Gartenpartys; die stattlichen
Begräbnisse sind nicht zu teuer, wenn es darum geht, sich
für immer eines Falschspielers zu entledigen. Die Zeit, seine
Haltung wieder zu gewinnen, die Figuren von neuem auf
dem Schachbrett anzuordnen, und schon sind die Spaß-
vögel wieder bei ihren Geschäften.

d. – Hygiene des Logos

Wenn die Menschen wenigstens die Lektion annähmen, die
der Tod ihnen nahelegt, würden sich alle Missverständnisse
zwangsläufig früher oder später auflösen; man bräuchte sich
nur zu gedulden. Alles arrangiert sich, kommt wieder in
Ordnung und rundet sich ab im gewohnheitsmäßigen Trott
der Doppeldeutigkeit, alles, außer der Tod selbst, der sich
niemals »arrangiert«. Mangels Katastrophe gäbe es hier eine
Arznei, die das Missverständnis auf der Ebene des Logos
packen würde, dort, wo es seinen Ursprung nimmt, in den
Kollisionen, Interferenzen und im Flimmern, die Homonymie und Homophonie zwischen den Wörtern hervorrufen.
Das wäre Heilung durch das Glossar. Von Leibniz bis [Louis]
Couturat und André Lalande ist die Philosophie der Definition hin- und hergerissen zwischen dem Hirngespinst einer
universellen Symbolik und der Sorge um die allerstrengste
Genauigkeit in der Wahl der Begriffe: Die einen träumen
von einer »Pasigraphie« [Allgemeinschrift] oder einem lo-
gistischen Alphabet, während die anderen, indem sie die von
Geschichte und Anspielungen beladenen Wörter definieren,
übereinkommen, diese Vokabel nur in jener bestimmten
Bedeutung zu gebrauchen. Da aber die verschwenderische
Fülle der bezeichneten Dinge unendlich die der Zeichen
übersteigt, sieht man sich gezwungen, die künstlichen Neologismen vergeblich zu vervielfachen. Und andererseits beruht die Einstimmigkeit der Begriffe auf der doppelten op-
timistischen und intellektualistischen Voraussetzung, dass
die verbale Abmachung zwangsläufig ein Übereinstimmen
der Gedanken nach sich zieht, was beinahe jede Diskussion
überflüssig machen würde, und das Übereinstimmen der
Gedanken zu dem der Willen führt. Das erste dieser Postu-
late bedeutet, dass es dank der monadischen Natur der
Person keinerlei unausdrückbaren Rückstand im Denken
gäbe, noch irgendein Element grundlegender Undurchläs-

sigkeit in unseren Überzeugungen. Und die zweite Aussage impliziert, dass sich im Akt der Zustimmung keinerlei leidenschaftliches Eindringen der Böswilligkeit oder Unaufrichtigkeit findet, das uns davon abhalten könnte, der Evidenz zuzustimmen. Das ist das letzte Wort des sokratischen ἔλεγχος [Beweisgrund], das den Geistern hilft, ihre eigene Wahrheit durch eine naive Verlegenheit hervorzubringen, in die ihre Widersprüche sie bringen; denn man widerlegt keine in ihre Boshaftigkeit verstockte Böswilligkeit. Für den klassischen und geselligen Rationalismus des XVIII. Jahrhunderts gibt es eine einzige menschliche Natur, nicht, wie bei Schopenhauer, auf Grundlage des Willens (derart, dass die einzig mögliche Beziehung zwischen Menschen das irrationale Verhältnis des Mitleids wäre), sondern auf Grundlage der Vernunft und des gesunden Menschenverstandes. Somit ist einzig die Verständigung wesentlich und die Unstimmigkeit ist oberflächlich, vermeidbar und beiläufig. Hörten die Menschen nicht auf die Ratschläge der betrügerischen Mächte und der Scharlatane, würden sie jederzeit einen Weg finden, sich zu verstehen. Jedoch hat die Verschwörung der Bösen und der in trüben Wässern Fischenden Interesse an ihrer Unstimmigkeit und lebt oft von ihren Streitigkeiten, so wie Marx vom Kapital sagt, dass es seine Taktik ist, das Proletariat künstlich gegen sich selbst zu spalten, um besser herrschen zu können. Die Menschen müssten also all die schlechten Hirten, all die Anstifter innerer Kriege verjagen – die Sophisten, die alles verdrehen, die Anwälte, die Prozesse anzetteln und Öl ins Feuer gießen aus Angst, die Prozessführenden könnten sich versöhnen, die Schwiegermütter, die instinktiv die eheliche Zwietracht anheizen. Es ist leicht, die anderen für seine eigene Böswilligkeit verantwortlich zu machen, und leider viel schwieriger, die Unstimmigkeit aufzulösen, indem man die Parasiten oder den Mond beschuldigt. Wenn zufällig das Einverständnis sich nicht von selber einstellte, sondern im Gegenteil die

Einsamkeit und der Solipsismus? Das vermutet bereits, im Widerspruch zur Dialektik, der Atomismus der megarischen Schule, der Kyniker und der Kyrenaiker. Er ist die Philosophie des eingemauerten Ichs und, in der Folge, die Philosophie der *Konvention*: Es gibt nur symbolische Zeichen zu interpretieren, denn eine Einsamkeit entziffert eine andere Einsamkeit allein durch Analogie. Um diese Isolierung zu forcieren, wendet sich Pascal, nach Protagoras, an die irrationalen Kräfte der Überzeugung, die allein in der Lage sind, unsere launenhafte Gutgläubigkeit abzuschwächen; aber schon die christliche Rhetorik – sie kennt gut die Macht der Sünde – bringt den Gegner nur durch das magische Amt ihrer Beschwörungen und durch die Kunst des Wegzauberns zum Schweigen. Vor allem Henri Bergson, der die sozialen Ähnlichkeiten, die auf der Ebene der Sprache liegen, von der qualitativen Heterogenität, die das Fundament unserer Naturen ausmachen, unterscheidet, stellt das durchgreifendste Mittel bereit, die scheinbaren, aus der Sprache geborenen Probleme zu vermeiden, er tut es jedoch, um die nicht reduzierbare Selbstheit eines jeden zu schärfen. In der Folge ist die *Intellektion* nicht mehr eine oberflächliche Bewegung, die sich von der Peripherie zum Zentrum hin ausbreitet, sondern ein vertikales Eindringen inmitten des Undurchdringbaren, eine Bewegung in die Tiefe, ein unmittelbares, plötzliches und wundersames Ergreifen der Totalität, die vor ihren Elementen erfasst wird; so wie die einzig mögliche Kontinuität zwischen den Eigenschaften von Art der Dauer und der Modulation ist, so kommunizieren unsere persönlichen, einen Plural an Einsamkeiten bildenden Selbstheiten nur über die verliebten Wege der Intuition und der Sympathie miteinander. Man weiß, mit welch leidenschaftlicher Subtilität Max Scheler diese Handlungen aus der Distanz klassifiziert hat, diese Zirkulation der Liebe im magischen Äther, der unsere Einsamkeiten umschließt.

Konvention, Überzeugung, Intellektion – das Missverständnis kommt also nicht mehr vom Mund, sondern vom
Herzen. Wir können entweder den anderen nur durch au-
genblickliches »Eindringen«[53] verstehen, das heißt indem
wir uns über die Leere hinweg durch eine vereinende Iden-
tifikation eins mit ihm fühlen; oder wir können ihn nur
durch den mitreißenden Einfluss der Redegabe bekehren;
oder wir sind darauf beschränkt, ihn durch eventuelle Mut-
maßungen zu interpretieren – in allen drei Fällen muss
man die Hoffnung aufgeben, dass die Menschen, einmal auf
ihre Terminologie festgelegt und die ersten Konzepte ein-
geübt, automatisch durch eine Art oberflächlicher Osmose
übereinkommen. Die Sprache ist nicht nur die Ursache der
künstlichen Zerwürfnisse: Sie begünstigt vielmehr eine
Scheineinigkeit, die uns bis zum Tag des Dramas unsere
tiefgründige Unstimmigkeit verschleiert. Welch unverhoff-
tes Glück, wenn all unsere Problematiken nur aus Pseudo-
Problemen bestehen würden, die von sprachlich bedingten
Missverständnissen herrühren, das heißt von den Zufällen
der Paronymie, von Fügungen der Etymologie oder auch
von diesen künstlichen, vereinfachenden, verbalen Alternativen, wo das Auseinanderfallen der Begriffe und Genres den
Geist so oft in die Enge treibt! Die Zerwürfnisse würden sich
auf imaginäre, von einem Lapsus hervorgerufene Reibereien
reduzieren, und man würde sich niemals vergeblich an die
Gutwilligkeit aller richten. Aber der Lapsus erhellt sich und
es gibt dennoch Kriege, da in den Herzen kein Frieden ist.
Wir sind bereits widerlegt und weigern uns, die Niederlage
einzugestehen. Die Evidenz ist wiederhergestellt und wir
weigern uns, mit der bewundernswerten Unwahrhaftigkeit
des Liebhabers oder des Gläubigen, den nichts erschüttert,

---

[53] Ausdruck von Franz Baader: Vgl. Franz v. Baader, *Fermenta co-
gnitionis I*, Nr. 13 (1822) und ders., *Über die Analogie des Erkenntnis-
instinkts und des Erzeugungsinstinkts* (1808).

sie zuzugeben. Der Voluntarismus hat offensichtlich mehr
Möglichkeiten als der Optimismus von Boileau, diese übernatürliche Hartnäckigkeit zu erklären, diese freiwillige Ver-
ständnislosigkeit des in seiner Taubheit verhärteten Glaubens, ob gut- oder böswillig. Kant selbst wusste, dass die
reine Gutwilligkeit genaugenommen unauffindbar ist … So
ist das Missverständnis also mehr als verbal, nicht nur, weil
es Probleme gibt, die vom Grund der Dinge selbst kommen,
sondern auch aufgrund der konstitutionellen Zwietracht, die
tief verwurzelte Überzeugungen gegeneinander aufbringt.

e. – Von der Aufrichtigkeit

Nichtsdestotrotz, und weil es darauf ankommt, sich zu verstehen, kann uns die Vermittlung der Sprache dienen, eine
Vielzahl von alltäglichen Irrtümern beiseite zu räumen, die
das Herz mit sinnlosen Hoffnungen, absurden Ängsten oder
unnützen Enttäuschungen bevölkern. In Wirklichkeit ver-
wundert uns der Vertrauensmissbrauch seitens der Zeichen
weniger, seit uns der Idealismus dies gelehrt hat: Das wahr-
genommene Bild ist nicht die Fotografie oder Miniatur der
Sache, genauso wie der Ausdruck keine Imitation oder ideo-
graphische Nachahmung ist: Es kommt vor, dass der Ausdruck indirekt, abgeleitet oder verzerrt ist, wie der Stab im
Wasser oder der Lichtstrahl in einem strahlenbrechenden
Milieu. Den Brechungsindex würden wir gern, wie es die
Optik tut, berechnen könnten, hinge die Abweichung nicht
von unendlich komplexen Faktoren ab. Die Sprache jedoch,
die genauso gut verstecken wie aussprechen kann, vermag
auch zu verwirren, um besser auszudrücken. Quer durch
den natürlichen Pakt schmiedet das sehr wohl verstandene
Missverständnis einen stillschweigenden Pakt, der aus wechselseitigen Hinweisen, Augenzwinkern und verborgenen
Zeichen besteht, und der hermetische Vertrag durchkreuzt

die klare Sprache, wobei er aus jedem Wort eine doppelge-
sichtige, »nach allen Richtungen wendbare« Chiffre macht.
Wer das Gesetz der Übertragung dieser manipulierten Texte
kennen würde, wäre gegen fast alle Missverständnisse im-
mun. Leider gibt es nicht einen Code, es gibt Hunderte, und
es reicht nicht, ein für allemal den Harnisch zu wechseln,
alle Noten um ein gleiches Intervall auf den Notenlinien zu
erhöhen oder herunterzusetzen, um den wahren Sinn zu erlangen: Die Kombination, die das Geheimnis der Litote lüftet,
ist nicht die symmetrische Umkehrung jener, die die Lösung
der Emphase gibt … Was sage ich? Es gibt einen Schlüssel
für die Kokotte, einen anderen für die Schamhafte: Zwar ist
in beiden Fällen die Flucht Simulation, die eine flieht jedoch,
um zu reizen (und sie dreht sich um, um sich zu vergewis-
sern, dass man ihr folgt), die andere, um zu prüfen und zu
entmutigen; und man riskiert, beide misszuverstehen, wenn
man ihre so benachbarten Chiffren vertauscht. Auf anderer
Ebene gibt es Fälle, wo man die Dinge mal wörtlich nehmen
muss und mal ist es der übertragene Sinn, der das Schloss
öffnet. Indem sie verhindert, dass wir das Tatsächliche für
das Begriffliche halten, beugt die Ironie den bösen Überraschungen des Ereignisses vor; sie erspart uns aber im
Gegenteil die bitteren Enttäuschungen der Leichtgläubigkeit, indem sie sich weigert, Redeweisen ernst zu nehmen,
die niemals eingelöst werden. Wie man sieht, gibt es keine
»Regel«: Der Takt ist die Regel, die unendliche Feinheit des
Taktes und die Schärfe des Verstandes entwirren intuitiv die
Sprachrätsel und unterscheiden die falschen, durch Ungenauigkeit verwechselten Synonyme. Ein Blick, der es versteht, die Hieroglyphen der Zeit zu entziffern, wird hinter
den Erscheinungen lesen, die Ähnlichkeiten unterscheiden,
die von unseren Annäherungen und enttäuschenden Ana-
logien verwechselt werden; er wird es aber auch umgekehrt
vermeiden, unter der Schönheit nach einer dialektischen
Tiefe zu suchen, die sie nicht enthält. Geben wir es zu, es

braucht mehr als viel Bewusstsein, es braucht ein Bewusstsein dieses Bewusstseins, die Augen eines Luchses und einen unendlichen, sich vielfach selbst prüfenden Verstand,
einzig in der Lage, den aus Irrtümern erwachsenden Enttäuschungen vorzubeugen. Es müsste leicht sein, sich über
die Begriffe zu einigen: Ein Kompliment ist keine Liebeser-
klärung, vage Versprechen sind keine Versicherung, eine gesellschaftliche Nettigkeit kein Engagement, etc. All die Male,
wo man uns sagt: Sie sind mir am liebsten, wollen nicht hei-
ßen, dass man uns liebt, und ich kenne noch tausend andere
Fälle, wo das Positive feierlicher ist als der Superlativ, wo jedes Adjektiv die absolute Einfachheit des Bildes schwächen
würde, wo, in einem Wort, die Psychologie gegen die Grammatik Einspruch erhebt. Ἁρμονία ἀφανης φανερής κρείττων
[die nichterscheinende Harmonie ist stärker als die erschei-
nende]. Allein die eingehauchte Kenntnis dieser mysteriö-
sen Intimität, dieser unsichtbaren, die Wörter umgebenden
Aura, die nur in unserer Muttersprache wahrnehmbar ist,
könnte das Deutungsdelirium wirksam verhindern, indem
sie uns in jedem Fall über die tatsächliche Macht und Tragweite jeder Äußerung unterrichtet. Dazu darf man kein zu
grobes Gehör haben; nein, nie wird der Gehörsinn fein genug sein, um jedem Ultraton des geäußerten Wortes aufzu-
lauern. Dies setzt eine unendlich geteilte Aufmerksamkeit
voraus, einen mehrseitigen Argwohn gegenüber der stets
lauernden Uneindeutigkeit, und dass man von allen Seiten
gleichzeitig Front macht: Sehen Sie, wie das Lächeln den
Blick Lügen straft und die Worte versprechen, während die
Intonation abweist.[54] Deswegen stellt Pascal gegen die geo-
metrische, tiefe, aber lineare Deduktion mit ihrem einzigen
Weg die unendlich artikulierte Feinheit, das heißt den Sinn
des Komplexen und Pluralen, der, wie ein Dirigent, seine

---

[54] Michael Lermontow, *Un héros de notre temps* [Ein Held unserer
Zeit, Erstdruck: 1840].

Aufmerksamkeit allen Instrumenten zukommen lässt. Dem Humor des Zuhörers muss die endlose Vorsicht des Redners entsprechen. Ich habe kein so feines Gehör, aber Sie haben ein recht loses Mundwerk … Haben Sie die genaue Resonanz ihrer Worte ermessen, das heißt das Gewicht und den Akzent des Andeutungszusammenhangs im Verhältnis zur Empfindlichkeit der fremden Seele? Haben Sie nichts erwarten lassen oder zu verstehen gegeben, als Ihre Rede nichts versprechen wollte? Haben Sie sich, in einem Wort, nichts vorzuwerfen? Wie die Lügen, die man uns sagt, unsere Schroffheit und unser fehlendes Vertrauen bestrafen, so haben wir die Missverständnisse verdient, die wir aus Mangel an Respekt für die Sprache entstehen lassen. Ein richtiges Gefühl, ausgedrückt mit richtigen Worten, einfach und natürlich und ohne auf die Bahn der Übertreibungen zu gleiten, ist so selten wie ein unfehlbarer Geschmack. Wer nie mit einer gewissen sprachlichen Virtuosität gespielt, nie die mitreißende Schlagfertigkeit der Worte missbraucht hat, der kann sich, denke ich, der von ihm hervorgerufenen, sinnlosen Hoffnungen unschuldig erklären … Ja, aber wer kann sich sagen: Ich, der Meister der Worte und der neue Adam, ich habe mich nie verführen lassen von der äußersten Handhabbarkeit der Sprache. Es liegt, wenn man es sich durch den Kopf gehen lässt, eine so tödliche Gefahr für das Gemeinschaftsleben in dieser vollen Autokratie des Sprechers, dass die unendliche Fügsamkeit des Wortes in dieser Gefahr selbst ihre eigene Grenze findet.

Es reicht nicht, verstehen und sich ausdrücken zu können: Diese beiden Begabungen müssen auch (da unsere Bewusstseinszustände einen Zeitpunkt in der Dauer haben) genau aufeinander abgestimmt sein, die beiden zeitlichen Abfolgen müssen den gleichen Takt und Rhythmus schlagen; die Bewusstseine, die miteinander Kontakt pflegen, müssen sich gegenseitig in einem einzigen Hier und Jetzt bewusst werden. Diese Simultanität ist, genau betrach-

tet, nur ein anderer Name für die verliebte Gegenseitigkeit, und deshalb ist eine vollkommen gelungene Liebe so
selten; denn es genügt nicht, dass das Gefühl »beidseitig«
ist, um »geteilt« zu sein: Wenn beide Ereignisse an zwei
aufeinanderfolgenden Augenblicken des Werdens stattfin-
den, ist die Liebe nicht mehr ἀλλήλων [wechselwirkend];
es fehlt ihr die Reziprozität, die den Widersprüchen des re-
flektierten Bewusstseins verwandt wäre und die nur deswegen paradox ist, weil die beiden Gesprächspartner – jeder
Subjekt und Objekt, Liebender und Geliebter zugleich – in
einem selben Heute koexistieren. Meist aber hat, wenn
der eine verstanden hat, worum es sich dreht, der andere
aufgehört, es zu verstehen, und solange dieser Bescheid
wusste, war es der erste, der verkannte, worum es ging …
Schade! Wann werden sie »gemeinsam« verstehen? Dieser
Einklang der Seelen ist es, der am schwersten zu erreichen
ist. Im diskordanten Chor, den wir bilden, bewegt sich jeder
in Wirklichkeit nach seinem eigenen Tempo und Rhythmus und entwickelt so für sich selbst das interne und qualitative Gesetz seiner Ichheit: Die Jungen und die Alten, die
Flinken und die Langsamen, die Mädchen und die Jungen,
sie alle folgen einander, warten auf den anderen und verlieren sich wieder, ohne sich je wirklich zu erwischen. Die
Frauen, zum Beispiel, verlieben sich nicht so schnell, aber
einmal verliebt, sind sie treuer; im Gegensatz dazu sind die
Männer schneller entflammt, aber flatterhaft; schnell ver-
sessen, schnell vergessend. Wenn er möchte, hat sie noch
nicht entschieden, und wenn sie sich entscheidet, will er
schon nicht mehr. Die Frau, juridischer veranlagt, hält den
Mann in einer augenblicklichen und statischen Wahrheit
fest; der Mann gleitet jedoch zwischen all den Bildern, die
seine Gefährtin von ihm selbst macht, hindurch; die ihm
eigene Wahrheit ist dynamisch und untreu. Weibliche Beständigkeit und männlicher Wankelmut – sie sind schlecht
synchronisiert und daher das Hauptmissverständnis der

Geschlechter. Zunächst zu früh, dann zu spät. Man denkt an die verspätete Geige, die außer Atem gerät, da sie sich beeilt, um die Verzögerung einzuholen, und die bald voraus sein wird, da das Klavier, um auf sie zu warten, zu langsam geworden ist. Auf die Kakophonie folgt eine neue Kakophonie. Wer wird den unfassbaren Moment des Aufeinandertreffens erwischen, wo sich zwei brüderliche Herzen, das eine zu tatkräftig, das andere zu durchtrieben, zusammenfinden. Göttlicher Augenblick, weder diesseits noch jenseits, nach den verfrühten Vorschlägen der einen und vor dem verspäteten Einverständnis der anderen vereint! Wenn der Zufall so das hinkende, monologisierende und einseitige Regime des Wechselspiels ersetzt, wenn auf das Selbstgespräch ohne Echo, »in deserto clamitans« [Rufer in der Wüste], der wunderbare Austausch erfolgt, glaubten wir gern, so vergänglich sind diese glücklichen Minuten, an die Gnade des Himmels … Doch die Menschen sind so plump, dass sie einen Weg finden, dieses kostbare Verlöbnis durch zu große Eile oder zu viel Langsamkeit zu verderben, von der einige Augenblicke ausreichen würden, einem ganzen Leben den Sinn seiner Existenz zu verleihen. Neugier, Unruhe oder Ungeduld – man könnte annehmen, ein Gefühl ist nicht für das liebevolle Korrelat, das es ergänzen würde, gemacht, es braucht Streit, Missmut, Rachsucht und Kränkungen; das Gefühl will eifersüchtig sein. Da es aber auch nicht auf die kostenlose Interesselosigkeit zugeschnitten ist, verbittert es und stumpft ab bis zu seiner Aufgabe. Es fehlt nicht an Menschen guten Willens, und es gäbe ihrer sicherlich genügend hier auf Erden, um schon heute ein Himmelreich zu gründen. Allerdings müssten sie auch zur gleichen Zeit wollen, uno eodemque tempore, und sie müssten sich gegenseitig wollen, anstatt einer nach dem anderen wie Eugen Onegin und Tatjana in Puschkins Roman [Eugen Onegin, 1825] und wie diese verblassenden Wohlwollen, die mit der Böswilligkeit Verstecken spielen. Die guten Willens sind,

können nicht zeitgleich im ewigen »Nunc« der reinen Liebe
ohne Missverständnisse bleiben. Es wird also das falsche
Manöver, die falsche Note und ein Wettrennen nach Hirn-
gespinsten sein. Es wird Verwechslungen und verpasste
Rendezvous geben. Die Geschichte des Sanftmütigen, wie
sie Marivaux' Theater oder die Briefe des Pierre-Ambroise
Laclos [1741–1803, dessen »Schlimme Liebschaften« in
Briefform erschienen] erzählen, ist die Geschichte grundloser Streitigkeiten, gefolgt von imaginären Versöhnungen,
schließlich von neuen Zerwürfnissen und Kränkungen. All
diese Seelen, die sich suchen und sich fliehen, wenn sie sich
zu finden glauben, sie wollen alle das Gleiche, aber sie sind
nicht alle *am gleichen Punkt*, sie wollen den Frieden nicht
zur gleichen Zeit; sie sind nicht mit der gleichen Stimmgabel
gestimmt; im Karussell, das sie davon trägt, sind die einen
weiter vorn, die anderen hängen hinterher, und die Suche
findet kein Ende. Es ist fast nichts – kaum eine Frage des
Zeitmessers, und dennoch gibt es (bei unumkehrbarer Gelegenheit) große Szenen und zerbrochene Verlobungen, weil
wir den Geliebten unter seiner Verkleidung nicht wiederzu-
erkennen wussten.

Dennoch gibt es einen Weg, die Korrespondenz von par-
allelen Chronologien in der Uneindeutigkeit aufrechtzuerhalten: Diesen nannte ich das doppelt wohlverstandene
Missverständnis. Die ein für allemal geregelte Korrespondenz ist jedoch nicht das, was wir suchen, denn sie würde
auch genauso gut aus einem in jedem Moment fortgesetzten
wundersamen Zufall resultieren. Was wir brauchen, ist
mehr: Wir brauchen den doppelten Strom der Liebe zwischen den abgestimmten Seelen, die sanfte Wärme der Sympathie soll unsere gefrorenen Verschwörer aus ihrem Pack-
eis befreien und die gemeinsame Komplizenschaft herstellen. Genau das nennt man: das Eis brechen. In der Tat ertragen die Menschen recht leicht die unhaltbar moralische At-
mosphäre der Täuschung; ganz offensichtlich stört sie diese

übelriechende und giftige Luft nicht. Denn das Missverständnis macht aus den unschuldigsten Worten perfide Anspielungen oder peinliche Unterstellungen, es lässt das drückende Unbehagen der Uneindeutigkeit, wie einen bleiernen
Mantel, auf allen Schultern lasten. Das Missverständnis ist
Spannung und Beklemmung – zwei harmlose Formen der
Angst. Und dies ist begreiflich, wenn man bedenkt, dass es
die Tendenz der Möglichkeiten ist, sich in die Tat umzuset-
zen, und dass das Missverständnis die Virtualitäten, indem
es sie unterdrückt, in dem Maß vervielfacht, wie es mehr
Kryptologien umfasst: Je mehr es leidlich verborgene Geheimnisse verdrängt, desto mehr wächst, mit dem Verbot,
sie zu verbreiten, deren Versuchung, sich herumzusprechen,
und umso größer wird die von der Zweideutigkeit angehäuf-
te Sprengladung. Auf diese Art breiten sich im Gespräch die
delikaten oder *heiklen* Zonen aus, das heißt die sprengstoff-
geladenen, von Minen und Fallen unsicher gemachten Feld-
er, wo der Skandal beim geringsten Fehltritt ausbrechen
kann. Wie viele Fallstricke für einen zu neugierigen oder
etwas zu unvorsichtigen Geist! Man zittert beim Spektakel
des Tölpels, der sich plump zwischen den scheuen Vertrau-
lichkeiten bewegt, dem zerbrechlichen Porzellan und den
spannungsgeladenen Möglichkeiten, jederzeit kurz davor,
einen Kurzschluss auszulösen … In einem engelhaften und
perfekt durchscheinenden Milieu, wo sich alle Dinge in actu
befänden, gäbe es weder Tölpeleien noch Tölpel, nichts, was
einen erröten ließe, da nichts verborgen wäre. Doch dies ist
sicher nicht unsere herrschende Welt, mit ihrer in dunklen
Ecken kauernden Schande und Scham. Hier muss man zwischen Hinterhalten manövrieren und lavieren. Das Missverständnis drückt also den Zustand des instabilen Gleichge-
wichts und des kritischen Drucks aus, in dem sich die Beziehungen zwischen Bewusstseinen befinden. Dennoch blicken
sich die unterdrückten aufrichtigen Seelen gegenseitig an:
Wenn wir nur sprechen, den Zauber der Lüge brechen und

dem bedeutungsvollen Schweigen, das all diese Zungen zu-
sammenschnürt, durch eine persönliche Initiative des Mu-
tigsten ein Ende bereiten könnten! Wir wissen wohl, dass die
Lunte brennt und dass ein Wort, ein Auugenblick, ein Kopf-
nicken reicht, um die Rückkehr zum Vergangenen und das
Aufrechterhalten der Fiktion von Unwissenheit unmöglich
zu machen. Denn ist das Tabu einmal aufgekündigt, kann
man nicht mehr so tun, als geschähe nichts; wenn uns der
Skandal einmal die Befangenheit genommen hat, wenn wir
den freien, ungezwungenen Gang der Aufrichtigkeit wieder-
erlangt haben, finden wir Menschen an nichts anderem
mehr Geschmack als an der Wahrheit. Ach, wenn eine Gemeinschaft nur um den Preis der Knebelung und Erstickung
möglich ist, schnell die Bombe, die alles in die Luft jagt! Explosion oder Erklärung – das ist das Dilemma; denn auf jeden Fall will sich diese »überspannte«, unerträgliche Situation entladen. Wenn wir also nicht wollen, dass das Missverständnis *auffliegt*, müssen wir es *ausräumen*; wenn wir den
Skandal vermeiden wollen, das heißt die brutale Bekanntgabe des schwarzen Paktes, müssen wir die »Erhellung« be-
fürworten, die der Bildung einer Lügenordnung vorbeugt
und uns vor der chirurgischen Operation bewahrt. Das
Missverständnis ist das Ungefähre. Und um das Ungefähre
zu vereiteln, gibt es nichts Wirksameres als die schöne Kom-
promisslosigkeit und nominalistische Strenge, unerbittlich
allem gegenüber, was keine eingestehbare, genaue und expli-
zite Sache ist. Handle so, dass deine Vereinbarungen ohne
Skandal öffentlich bedacht werden können, das heißt derart,
sie verkünden zu können, ohne dabei zu erröten: das ist die
oberste Maxime der Aufrichtigkeit. Kannst du wollen, dass
der schändliche Pakt sich der Prüfung vor aller Augen stellt?
Wenn er unhaltbar wird, sobald man ihn laut verkündet,
dann verdient er es nicht, zu existieren, dann ist er eine un-
moralische und unehrliche Notlösung. Er verkündet, in
Großbuchstaben veröffentlicht, seine eigene Armut und Lä-

cherlichkeit. Das Missverständnis ist das Verbot, zu vertiefen. Die Verschwörer, die bei Aufrechterhaltung des Missverständnisses in unerträglicher Doppeldeutigkeit schwelgen, haben gepredigt, oberflächlich zu bleiben und diskret, ohne Nachdruck, über die Hintergründe ihrer Machenschaften hinwegzugleiten: Sie haben sich gegenseitig stillschweigend geschworen (ohne übrigens je irgendetwas versprochen zu haben), weder die näheren Umstände dieses Paktes noch seine Motive oder Klauseln in Erfahrung zu bringen. Ist das ein Leben? Nein, das ist kein Leben. Da doch das Dunkle nach dem Licht strebt, warum sollten wir seine Ankunft nicht fördern, anstatt sie zu verhindern? Warum pflichte ich den Möglichkeiten, statt sie im Unterirdischen zurückzuhalten, nicht voll und ganz bei, indem ich mit ihnen arbeite und ihre Entfaltung herbeiführe? Derjenige entlastet das drückende schlechte Gewissen der Schmollenden, der in einer angemessenen Psychoanalyse die Hintergedanken ans Licht bringt, das heißt dem Latenten hilft, explizit zu werden. Selbst die faszinierende Anziehungskraft, von der Monsieur de Traz [Robert de Traz (1884–1951)] geistreich spricht und die den Gedankenlosen vom Witz in die Tölpelei gleiten lässt, diese Anziehungskraft, die der Skrupel vergeblich bremst, liegt wiederum am Drang der Möglichkeiten hin zur Tat. Die Aufrichtigkeit muss, anstatt Tölpelhaftigkeit zu sein, eine Form des Taktes und des feinen Geistes werden. Möge das Unausgedrückte sich also äußern und dabei bis ans Ende seiner selbst gehen, da das gesprochene Wort seine endgültige Berufung ist und die lebensfähige und vollständige Absicht sich in der Geste, dem Wort oder dem Buch vollendet. Lassen Sie diesen steifen Ausdruck, diesen ausweichenden Blick und diese herablassenden Mienen, die Ihnen nicht gut tun; reden Sie, bevor sich in Ihnen der chronische Groll verhärtet. Der, der Sie vermeintlich beleidigen wollte, wollte Sie nicht verletzen, und geben Sie es zu, im Grunde nehmen Sie es ihm nicht übel. Es war nur ein Miss-

verständnis, eine falsche Konstellation. Man muss nicht auf
dieser oberflächlichen Dissonanz beharren, sondern das
missglückte Manöver, die doppelte Fehlleistung, die ver-
zerrte Beziehung richtigstellen; dann, nachdem man sich
»ausgesprochen« hat, gemeinsam über den Pseudo-Streit
lachen, der plötzlich in seinem Nichts vereitelt wurde. Es ist
nicht des Rätsels Lösung, sondern die Konstatierung einer
Leere, die Entdeckung durch ein besonderes und gegenwärtiges Denken, dass es überhaupt kein Problem gab. Die an-
spruchsvolle Ehrlichkeit will, dass alles offen, klar und streng
sei; durch eine aufrichtige Richtigstellung löst sie mit einmal
den gordischen Knoten der verbalen Streitigkeiten. Man
sagt, dass Missverständnisse schwerer im lebendigen Gespräch entstehen als in schriftlicher Form; denn das Gespräch unter vier Augen zeichnet nach und nach, durch tas-
tende Nachbesserungen, eine Annäherung an die Wahrheit
ab, indem es unsere Sicht auf den Gesprächspartner vervielfacht, die Realität seiner Worte durch das Spiel seiner Mimik
und die Prüfung seines Blicks nuanciert, das Denken zwingt,
sich selbst im Laufe des Dialoges zu detaillieren. Ich würde
meinerseits jedoch einwenden, dass der Kongress der Gegenwarten beinahe zu viele Dinge arrangiert, mal hier korri-
giert, mal da verwischt, alle Kanten glättet. Er stumpft die
schöne Strenge der Vorstellungen durch den Umgang mit
der Person höchstpersönlich ab, die immer weniger ab-
scheulich ist als die abstrakte Doktrin, die sie verkörpert;
und wir geben der vagen Gutmütigkeit dieses sanftmütigen
Gesichts nach, eingenommen von einer Art spröder und
oberflächlicher Herzlichkeit, die unsere Überzeugung ver-
wässert: Von Nahem und im günstigen Nebel des Geschwätzes ist unser Feind aus Fleisch und Blut immer sympathi-
scher, als wir befürchteten. So sehen sich die Menschen
fälschlicher Weise durch die kommunikative Wärme des
gegenseitigen Umgangs versöhnt, zufrieden damit, ein krie-
gerisches Missverständnis durch ein friedliches Missver-

ständnis ersetzt zu haben. Die exakte Ehrlichkeit hütet sich
vor diesen annähernden Freundschaften genauso wie vor
falschen Streitigkeiten, Ehrlichkeit ist nicht entgegenkom-
mend: Sie festigt die Vorstellungen und Verantwortungen,
bestärkt die stillschweigenden Pakte, verhindert, Schwierig-
keiten zu verwischen oder zu umgehen, setzt den Punkt auf
das i, bringt schließlich die durch Missverständnisse zum
Stillstand gekommene gesellschaftliche Verhandlung wieder
in Gang. Wie viele Faulpelze sind Gefangene einer ersten
eitlen Lüge geworden oder eines Irrtums, bei dem sie nicht
den Mut hatten, ihn sofort richtigzustellen, so sehr fürchten
sie, der Achtung von anderswem nicht mehr gerecht zu werden, das heißt, die Aufmerksamkeit und den Glauben des
Anderen zu enttäuschen. Die erste Lüge, die uns Handschel-
len anlegt und die immer schwieriger zu korrigieren wird, je
länger wir warten, diese Lüge spielt die gleiche Rolle wie das
Urtrauma bei den Neurosen. Wer hat so noch nie Missverständnisse durch Schüchternheit oder übermäßige Rück-
sichtnahme aufrechterhalten! Der gefesselte Lügner befreit
sich hier wiederum und kommt dem Skandal zuvor, indem
er sich von Grund auf ausspricht, die schiefe Lage, die seine
Nachlässigkeit hervorgebracht hat, ein für allemal auflöst,
auf die flüchtige Erleichterung durch die Lüge verzichtet.
Das Missverständnis ist eine Art interpersonaler Komplex,
so etwas wie ein Klumpen oder Knoten, der die Kommunikation zwischen mir und dem anderen stört: Die Ehrlichkeit
löst, einer Säure gleich, dieses klumpige Hindernis und gibt
der sozialen Kommunikation ihre Bindefähigkeit und Be-
weglichkeit zurück. Anstelle der schiefen Lage, immerzu
unruhig und tastend, das heißt besorgt, ob der Partner auch
weiterhin die Komödie mitspielt, stellt die Aufrichtigkeit
klare Umstände, das beständige Regime des beherzten Ver-
trauens wieder her.

Die wahre Behandlung des Missverständnisses ist also
nicht philologischer, sondern moralischer Ordnung: Man

schreitet nicht vom lexikographischen Einvernehmen zum
Einklang der Willen, sondern, ganz im Gegenteil, die Ehrlichkeit lässt das auf dem Herzen lastende Ressentiment als
Geständnis zu den Lippen aufsteigen. Man muss also, wenn
ich es so sagen kann, mit der Umarmung beginnen, der Rest
kommt hinterher, ohne dass man auch nur daran denkt. Das
ist das wahre Pfingsten der guten Willen. Denn alles liegt an
der Gutwilligkeit. Alles ist leicht, wenn das Herz dabei ist: Sie
können sehr wohl Worte der Barmherzigkeit äußern, wenn
das Herz nicht dabei ist, ist überhaupt nichts dabei. Wenn
das Herz nicht dabei ist, klingt alles falsch, ist alles entstellt,
verfälscht, konventionell und unecht, und die übertrieben
würdevolle Miene selbst, die Sie aufsetzen, ist nur eine Gefühllosigkeit mehr. Denn bei den Hinterhältigen wird alles
zur Hinterhältigkeit. Ich sage, wenn das Herz nicht dabei ist,
wird alles mühsam, verlangt, jede Minute eigens neu erfun-
den zu werden, wie durch eine verbale und vom Kopf ausge-
hende Höflichkeit. Der Liebhaber, zum Beispiel, fragt nicht,
was er tun soll. Bevor man die Zeit gehabt hätte, es ihm zu
sagen, hat er es bereits getan. Mit dieser Art unfehlbarer Gewissheit, die das Merkmal der Liebe ist, hat er auf Anhieb
die richtigen Worte und den treffendsten Ton gefunden. Die
Inspirationen des Wohlwollens sind wortgewandt und geistreich, sie sind natürliche Weisheit, gelehrtes Nicht-Wissen
[die ›docta ignorantia‹ des Nikolaus von Kues, 1440] und
die Gnostik des Herzens. Kommen wir überein, sagen die
entschlossenen Streitenden und Händler, eben nicht einig
zu sein. Und schon fällt das Fieber des Missverständnisses
wie durch einen Zauber. Dort, wo Steifheit, stagnierendes
Schmollen und verstohlene Blicke herrschten, belebt sich
großmütige Eintracht, die alle Komplikationen verflüssigt
und, wie in den Träumen der Nacht, Leid, Beklemmung und

---

[55] [Alexander N. Ostrowski, *Schneeflöckchen. Ein Frühlingsmär-
chen* (1873).]

Irreführung zum Schmelzen bringt. Sprechen wir nicht von der unermesslichen, der erfrischenden Einfachheit des ersten Kusses? So schmilzt Snegurotschka, die kleine Schneefee, bei der ersten Frühlingssonne: »Es ist tot, das Wintermädchen, dessen Anwesenheit den Gott Jarilo verstört hat.«[55] Der Osterkuss der Prawoslawen bedeutet ein wenig all das, er, der mit dem großen russischen Tauwetter zusammenfällt und der im Mysterium der Osternacht das Signal zur Auferstehung ist. Es ist die Frühlingsweihe und die frohe Botschaft Mitternachts. Halleluja! Der Winter ist vorbei und es weht eine laue Luft, die den Himmel aufbrechen lässt. Durch die Gunst dieses großen russischen Osterfestes ist das, was eben noch unmöglich erschien, so einfach geworden, dass man sich, ebenso wie beim Hebel des Archimedes, fragt, warum niemand früher darauf gekommen ist; es reichte in der Tat, es zu wollen. Das ist die »Ars magna« par excellence, die Kunst, die man nicht erlernt und die immer bei sich selbst beginnt. Es gibt also sehr wohl Pseudo-Probleme, aber diese künstlichen Probleme hängen nicht von Wortspielen oder einem Lapsus linguae ab: Sie liegen an der grundlosen, blutdürstigen Böswilligkeit der Menschen, ich meine, an der Freude zu beschmutzen, am Hang zur Hässlichkeit und zum Tod, die hienieden die Quelle alles überflüssigen Bösen sind. Die objektiven Probleme belasten unser Dasein schon genug – wir sollten uns wenigstens jene ersparen, die Verirrte sich in ihrem Wahn und ihrer Böswilligkeit ausdenken. Der Friedenswille ist ein guter Berater, wie die Liebe weiß er in jedem Fall, was zu tun ist; aber man musste natürlich darauf kommen, und kein anderer konnte darauf kommen als dieser wohlwollende Wille selbst. Vielleicht wird ein Mai kommen, da sich die Menschen, endlich Friede im Herzen, in einem großen Lachausbruch fragen werden, warum sie nicht früher darauf gekommen sind, und wenn sie verstehen, dass es an ihnen lag, wird man sie bitterlich um ihre schöne verlorene Jugend weinen sehen. Es lebe der Mai, wie Debussy am Anfang seiner *Rondes de Printemps* [Früh-lingsreigen, 1910] schreibt. Willkommen sei der Mai. Möge Friede sein auf Erden, jetzt, all den tauben, stummen und mehr als irren Willen; und möge all den anderen inzwischen weder die Hoffnung noch der Mut ausgehen.

(Krankenhaus von Marmande, Juni–August 1940)

Lügen im Leben und Denken

Vladimir Jankélévitchs *Du mensonge* im Kontext europäischer Lügentheorien

von Steffen Dietzsch

> Das Individuum, das sich selbst belügt, und die Gesellschaft, die sich nicht belügt, werden schnell morsch und gehen zugrunde.
>
> *Nicolás Gómez Dávila*[1]

1. Zum Begriff der Lüge

Unter ›Lüge‹ verstehen wir jeden kommunikativen Akt, der *mit der Absicht zu täuschen* unternommen wird. Dabei ist es gleichgültig, ob jene *Täuschung* verbal oder non-verbal, gestisch oder bildlich ausgedrückt wird. Obwohl die Verlaufsform der Lüge (a) eine falsche Aussage ist, kann eine Lüge (b) aber auch mit wahren Aussagen erzeugt werden (z. B. in der Statistik) und so ist (c) nicht jede falsche Aussage auch schon eine Lüge. Sie darf also nicht auf ihre Erkenntnisform begrenzt gedacht werden, denn nicht *duplex cogitatio*, »sondern duplex oratio ist das Signum der Lüge«.[2]

Lügen sind performative Kommunikationen, durch die neue emotive wie auch kognitive Wirklichkeiten je intendiert und erzeugt werden. »Wissen, daß man lügt, ist an-

---

[1] Nicolás Gómez Dávila: Einsamkeiten, üb. v. Günther Rudolf Sigl, Wien 1987, S. 136.

[2] Harald Weinrich: Linguistik der Lüge, Heidelberg 1966, S. 40. Vgl. auch Maria Bettetini: Breve storia della bugia, Milano 2001; dt. Übers.: Eine kleine Geschichte der Lüge, Berlin 2003, 142 S.

ders als Wissen, daß sich die Erde um die Sonne dreht.«[3] Die Lüge weist dadurch, dass sie nicht nach den Wahrheitswerten ›wahr‹ versus ›falsch‹ identifiziert und bewertet werden kann, allerdings eine Doppelnatur aus.

Erstens vermag die Lüge lebenspraktisch positive, zweckmäßige Konstellationen immer wieder neu zu schaffen, indem in der alltäglichen Kommunikation nach Maßgabe des momentan Wünschenswerten imaginiert, d. h. zwischenmenschlich ›überformt‹, ›geschönt‹, ›fisiert‹ wird (z. B. Konventionen, Höflichkeit). Augenfällig erweisen sich dabei in prima vista so divergenten Lebensbereichen des Menschen wie der Liebe, der Politik, der Diplomatie oder auch der persönlichen Karriere sowohl der produktive Sinn dieser performativen Verkehrsform der Lüge als auch ihre rhetorische Kompetenz.

Die Lüge – das Vermögen zu täuschen – ist also eine schlechthin unentbehrliche Triebfeder der Evolution und ein Zeichen sozialer Intelligenz, indem die eher ›ursprünglichen‹ natürlichen Anlagen und Interessen des Individuums, seine Egoität, zugunsten seiner Soziabilität anhaltend kompensiert und verändert werden. Die Lüge ist damit – paradoxerweise – eine elementare sinnliche Triebfeder im Vollzug der Kultivierung und Zivilisierung des Menschen.

Zweitens aber ist gleichzeitig die Lüge als Mitteilung obsolet, d. h. sie ist keine ›echte‹ Mitteilung: »Ein echtes Jemandem-etwas-Mitteilen liegt *nur dann* vor, wenn 1) der Redende in der Meinung lebt, es sei so, wie er da sagt, und wenn 2) es auch so ist, wie er da sagt.«[4] Der Vollzug einer

---

[3] Ludwig Wittgenstein: Vorlesungen über die Philosophie der Psychologie 1946/47, Frankfurt/M. 1991, S. 141.

[4] Josef König: Der logische Unterschied theoretischer und praktischer Sätze und seine philosophische Bedeutung, Freiburg/Br. 1994, S. 315.

Lüge bzw. das Sagen ›*Du lügst*‹ dagegen ist verbunden mit
der rhetorischen Figur des *Vorwurfs*. Denn es ist die Idee
»von Jemandem-etwas-Vorwerfen die Idee dessen, was wir
da tun, wenn wir jemandem sagen ›du lügst‹«.[5] Die Lüge
als logische Form praktischer metaphorischer Sätze ist also
immer auf Handlung hin entworfen. Denn es sind doch
»nicht bloß leere, d. h. subjektiv sinnlose Worte, die der Lügner ausspricht. Er glaubt … nicht an das, was er sagt, aber
er denkt an das, was er sagt, ohne daran zu glauben. Das
ist aber genau das, was uns … in Spiel und Kunst begegnet
ist.«[6] Also: »Etwas, was nicht der Fall ist, könnte man auch
zum Spaß, gedankenlos oder aus Verrücktheit zu sagen
beabsichtigen. Das ist aber kein Lügen. Das Motiv ist das
Ausschlaggebende.«[7]

Die Lüge ist damit nicht das ganz Andere, gar Unbegreif-
liche gegenüber der Wahrheit, sondern: »Lügen ist die Muttersprache unserer Vernunft und Witzes.«[8] Die Lüge also
»gehört eben mit zum Geheimnisvollen in der Menschen-
natur, daß Hohes und Niedriges darin so nahe beisammen-
wohnen«.[9]

Der Lüge haftet allerdings immer auch ein Selbstbezug an:

> »O weh der Lüge! Sie befreit nicht,
> Wie jedes andre wahrgesprochne Wort,
> … sie ängstet
> Den, der sie heimlich schmiedet und sie kehrt,

---

[5] Josef König, a. a. O., S. 289.

[6] Alexius Meinong: Über Annahmen, Leipzig 1910, S. 117.

[7] Ludwig Wittgenstein, a. a. O., S. 498.

[8] Johann Georg Hamann an Immanuel Kant, 17. Jul. 1759, in: Johann Georg Hamanns Briefwechsel, hg. v. Josef Nadler u. Walther Zie-
semer, Leipzig 1940, Bd. 1, S. 379.

[9] Alexius Meinong: Über Annahmen, a. a. O., S. 116. Vgl. dazu
neuerdings Eberhard Schockenhoff: Zur Lüge verdammt? Freiburg/
Brsg. 2000, 526 S.

Ein losgedruckter Pfeil, von einem Gotte
gewendet und versagend, sich zurück
Und trifft den Schützen.«[10]

2. Historischer Exkurs

Antike

Die *Griechen* kannten keinen spezifischen Begriff der Lüge.
Das griechische Wort ψεῦδος bezeichnet nicht nur die bewusste Unwahrheit, sondern auch Irrtum, Fiktionales, Falsches oder poetische Ausschmückung. ›Lüge‹ ist hier vom
Scheinhaften lexikalisch noch nicht unterscheidbar. Das
griechische ψεῦδος hat noch nicht den exklusiven Sinn des
alterum fallere conatur. Erst die Übersetzung ins Lateinische
lässt aus ψεῦδος ›mendacium‹ werden. »*Mendacium, mendax, mentiri* weisen … jedoch kaum die Spannbreite des
griechischen Begriffs auf. Vielmehr liegt dort unzweifelhaft
Lügen im Sinne von *berechnet die Unwahrheit sagen,* bzw.
Hintergedanken haben vor, d.h. die Intentionalität, die Täuschungsabsicht ist – im Gegensatz zu ψεῦδος – mit *mendacium* untrennbar verbunden.«[11]
   Gleichwohl kennen die *Griechen* – vor allem praktisch-
ethische – Probleme, die mit der *Absicht zu täuschen* und *das
Falsche sagen* verbunden sind. Bezüglich ihres epistemischen
Aspekts gilt für Platon noch als ausgemacht: »Wie soll also
noch einer Falsches vorstellen? Denn … es ist doch unmöglich, etwas [solches] vorzustellen, da wir ja von allem entweder wissen oder nicht wissen, und hierin scheint es unmög-

---

[10] Johann Wolfgang Goethe: Iphigenie auf Tauris [1787], 4/1; in:
Goethes Werke, hg. im Auftrag der Großherzogin Sophie v. Sachsen,
Weimar 1889, I. Abt., Bd. 10 [Weimarer Ausgabe], S. 60.
[11] Martin Hose: Fiktionalität und Lüge, in: Poetica 28 (1996), S. 268.

lich, irgendwie Falsches vorzustellen.«[12] Platon diskutiert
aber dann die Frage, ob die ›Ilias‹ mit ihrem Helden Achill
oder die ›Odyssee‹ das größere Kunstwerk sei, und zwar unter der Problemlage, »dass nämlich Achilleus wahr sei und
einfach, Odysseus aber vielgewandt und falsch«.[13] Im Dialog Sokrates' mit Hippias bleibt die Entscheidung aber offen,
denn es erweist sich, dass die Zweiteilung von ›redlichem
Achill‹ versus ›täuschendem Odysseus‹ argumentativ nicht
aufrechterhalten werden kann. »Siehst du also, dass derselbe
der Falsche ist und auch der Wahre hierin? Und der Wahre
um nichts besser als der Falsche? Denn er ist ja derselbe, und
keineswegs verhalten sie sich ganz entgegengesetzt, wie du
vorhin meintest.«[14]

Das ›Falsche‹, das ψεῦδος des Vielgewandten Odysseus
ist hier nicht das Signum einer – womöglich moralisch ver-
werflichen – Verschlagenheit, sondern geradezu das seiner
lebensklugen Beschlagenheit. Die erweist sich vor Troja als
siegbringend. Er vermag u. a. Neoptolemus, Sohn des Achill,
zu bewegen, den ausgesetzten, beleidigten Philoket wieder
unter die Fahnen Athens zu bringen. Das gelingt natürlich
nur mit Täuschungen. Auf die Vorhaltung: »Ist's wirklich
deine Meinung, Lüge schände nicht?«, antwortet Odysseus:
»Nicht, wenn der Weg zur Rettung über Lügen führt!«[15]

Aristoteles unterscheidet dann, dass es eines ist, wenn
der Mensch mit Irrtümern oder falschen Sätzen umzugehen
lernt, und ein anderes, wenn der Mensch selber als falscher
Charakter handelt. Solche Charaktere – »Vertreter des mitt-
leren Verhaltens«[16] – sind neben dem Lügner *comme il faut*
der Eitle, der Aufschneider und der Ironiker. »Der eine ist

---

[12] Platon: Theaitetos, 188c.
[13] Platon: Hippias minor, 365 b.
[14] Ebd., 367 c, d.
[15] Sophokles: Philoket 108 f.
[16] Aristoteles: Nikomachische Ethik, 1127a.

lügnerisch, weil ihm das Schwindeln an sich Spaß macht, der
andere, weil er damit Ansehen oder Gewinn zu erreichen
hofft. (…) Die hintergründig Bescheidenen machen, indem
sie verkleinern, einen etwas feineren Eindruck.«[17] Auch Aristoteles weiß in der Bewertung der Lüge, gleichwohl sie als
ein moralischer Defekt kritikwürdig ist, nach Maßgabe des
Beherrschens dieses Defekts zu differenzieren. Der Ironiker etwa ist allemal interessanter als ein Angeber. So ist der
Falschredende Odysseus, wie Aristoteles in einem Vergleich
verdeutlicht, als »ein freiwillig Hinkender nämlich besser als
ein unfreiwillig Hinkender«.[18]

Auch Herodot argumentiert hinsichtlich der Lüge klug-
heitspraktisch: »Man lügt ja zu demselben Zweck, wie man
die Wahrheit sagt. Man lügt eben, weil man sich von der
Lüge einen Vorteil verspricht. (…) Versprächen sie sich keinen Vorteil davon, so würde vielleicht der Wahrhaftige auch
ein Lügner sein und der Lügner die Wahrheit sagen.«[19]

Es ist dies also die »tief im hellenischen Bewusstsein wur-
zelnde Bewertung der Lüge als einer Ausdrucksform des
überlegenen Geistes.«[20]

Vom Ausgang der Antike sind uns von Lucian von Sa-
mosata zwei satirische Dialoge zur Alltagskultur der Lüge
überliefert. In *Alexander oder der Lügenprophet* werden die
Techniken des Täuschens vorgestellt, mit denen der Magier
Alexander von Abonoteichus über die Marktplätze jener Zeit
des geistigen und geistlichen Umbruchs zieht: Wahrsagen,
Orakeldeutung, Zungenreden, Suggestionen. »Zwar besaß

---

[17] Ebd., 1127b.
[18] Aristoteles: Metaphysik, 1025a.
[19] Das Geschichtswerk des Herodots von Halikarnassos, Drittes
Buch, Kap. 72, üb. v. Theodor Braun, Leipzig 1958, S. 255.
[20] Rudolf Schottlaender: Die Lüge in der Ethik der griechisch-römi-
schen Philosophie, in: Otto Lipmann u. Paul Plaut: Die Lüge, Leipzig
1927, S. 112.

er durchdringenden Verstand, Scharfsinn und Gewandtheit des Geistes in ungewöhnlichem Grade … allein er verwendete diese Fähigkeiten zu den schlechtesten Zwecken.«[21] Er vermochte seinen »erdichteten Antworten immer etwas Wahrscheinliches zu verleihen«.[22]

Im Dialog *Der Lügenfreund oder der Ungläubige* wird das Problem diskutiert, »wie es doch kommt, daß die meisten Menschen so großen Gefallen an Lügen haben«.[23] Neben billigen Nutzen und Vorteilsvermutung im Alltag, die zur Lüge motivieren, sind es aber auch die Dichter, die »ihre Lügen sogar in Bücher gebracht«, und darüber hinaus sehen wir sogar »Nationen öffentlich und von Staatswegen Lügen schmieden«.[24] Als wohl einzig probates Gegenmittel habe der, der von »so vielen Lügen gebissen«, dessen »Kopf mit Geistern angefüllt«[25] ist, nur die Skepsis und das Lachen – also die Philosophie Epikurs und Demokrits.

Das antike sog. ›Lügner-Paradoxon‹, also die selbstbezügliche Aussage des Kreters »κρῆτες ἀεὶ ψεῦσται« [Kreter lügen immer], dessen Formulierung Eubulides[26] zugeschrieben wird, einem Zeitgenossen Aristoteles', hat mit dem Begriff und der Praxis der Lüge nichts zu tun. Es ist ein semantisches Problem der natürlichen Sprache, mit imprädikativen Ausdrücken umzugehen. Gelöst werden solche Probleme durch logische Regulierungen natürlichen Sprechens, z. B. durch Russells Typentheorie.[27]

[21] Lucian's Werke, übers. v. August Pauly, Bd. 7, Stuttgart 1827–1830, S. 821.

[22] Ebd., S. 836.

[23] Lucian's Werke, a. a. O., Bd. 11, S. 1355.

[24] Ebd., S. 1356 f.

[25] Ebd., S. 1388.

[26] Vgl. Wolfgang Hirsch: Der Lügner des Eubulides, in: Castrvm Peregrini, Achtes Heft, Amsterdam 1952, S. 13-18.

[27] Alfred North Whitehead / Bertrand Russell: Principia Mathematica [1925], Frankfurt/M. 1986, S. 56 u. S. 67.

Mittelalter

Das Christentum beginnt damit, die Lüge als das gottfernste Vermögen des Menschen zu identifizieren. »In ihrer Urgestalt als Lüge ist die Sünde der Inbegriff des Bösen«.[28]

Augustinus bestimmt in *De mendacio,* eine Lüge »liegt vor, wenn jemand durch Worte oder sonstige Zeichen etwas zum Ausdruck bringt, was seinem Denken nicht entspricht.«[29] Die Lüge ist also nicht zuerst über das Zutreffende bzw. Nichtzutreffende einer Aussage zu bestimmen und nicht jeder, der die Unwahrheit sagt, hat sich deswegen schon einer Lüge schuldig gemacht. Dasjenige, was seit Augustinus zum Definiens der Lüge zählt, ist also die *bewusste* Täuschungsabsicht (*voluntas ad fallendum*). »Denn wer lügt, will anders scheinen, als er ist. ... Jeder Lügner will täuschen.«[30] Augustinus lehnt die Lüge aus einer fundamentalen Glaubenserwägung ab, nämlich weil die Lüge eine aus freiem Willen heraus sprachlich erzeugte Gegenwelt zu schaffen in der Lage ist, die damit eine anmaßende sündhafte imitatio der von Gott ja ebenfalls durch das Wort (logos) geschaffenen Welt darstellt. Demgegenüber kann es keinerlei akzeptable Gründe für die Erzeugung einer Lüge geben. »Entweder nämlich stellt derjenige, der lügt, zeitliche Vorteile, seien es eigene oder fremde, über die Wahrheit – der Gipfel der Verkehrtheit! – oder aber, wenn er mit Hilfe der Lüge einen Mitmenschen zur Annahme der Wahrheit tauglich machen will, versperrt er ihm den Zugang zur Wahrheit ... folglich bleibt nur übrig, daß gute Menschen nie lügen.«[31]

---

[28] Eberhard Jüngel: Das Evangelium von der Rechtfertigung des Gottlosen als Zentrum des christlichen Glaubens, Tübingen 1998, S. 91.

[29] Aurelius Augustinus: Die Lüge & Gegen die Lüge [395 bzw. 420 u. Z.], üb. v. Paul Keseling, Würzburg 1986. S. 2.

[30] Aurelius Augustinus: Über die wahre Religion [389/391 u. Z.], Stuttgart 1991, S. 105.

[31] Aurelius Augustinus: Die Lüge, a. a. O., S. 19 f.

Augustinus verweigert sich auch jeglicher täuschender
Taktiererei, etwa in einer feindlichen Umwelt die neue
(Glaubens-)Wahrheit bloß intern zu bekennen. Er besteht
darauf, den neuen Glauben überall offen, hörbar zu vertreten, d.h. nicht wie die Priszillianisten, die – außen römisch,
innen christlich – glaubten »unbedenklich lügen zu dürfen,
wenn man nur im Herzen die Wahrheit festhalte«.[32] Ansons-
ten, so Augustinus, »würde jedem Martyrium der Boden
entzogen«.[33] Es gibt gegenüber der Lüge also keinen Recht-
fertigungsgrund, natürlich auch nicht die zeitlich-irdische
Erhaltung des eigenen oder fremden Selbst.

Diese rigoristische Ablehnung der Lüge als eine Todsünde
modifiziert sich im Fortgang des christlich-theologischen
Denkens dann derart, dass zunehmend der *Sündenaspekt* der
Lüge von ihrem *Schadensaspekt* in eine nachgeordnete Be-
deutung verwiesen wird. »Manche behaupten«, so schreibt
Thomas von Aquin, »bei vollkommenen Menschen sei jede
Lüge Todsünde. Doch das ist eine unvernünftige Ansicht.«[34]
Thomas unterscheidet deshalb verschiedene Gattungen der
Lüge, je bezogen auf den Sachverhalt, der von der Lüge be-
troffen wird; ob es sich um göttliche oder irdische Konstella-
tionen handelt.

Widerstreitet die Lüge »der Liebe zu Gott, dessen Wahrheit sie verdeckt oder mißdeutet«,[35] so bleibt sie im augustinischen Sinn das schlechthin Sündhaft-Verwerfliche. Die
Lüge aber, die sich auf Irdisches bezieht, kann dreifach un-
terschieden werden. Ganz oben, noch der Sünde verschwis-
tert, ist, wenn jemand durch sie einen anderen [als Person]
zu schädigen beabsichtigt. Das nennen wir (a) ›Schadens-

---

[32] Ebd., S. 63.
[33] Ebd., S. 64.
[34] Thomas v. Aquin: Summa Theologica [1265/74], II–II, Questio
110, artic. IV, ad quint.; Bd. 20, Würzburg 1943, S. 155.
[35] Ebd., artic. IV; a.a.O., S. 152.

lüge‹ [*mendacium perniciosum*]. Die Schuld der Lüge wird dagegen gemindert, wenn sie auf ein Gut hingeordnet wird, sei es ein Genussgut –, dann ist es (b) die ›Scherzlüge‹ [*mendacium iocosum*], sei es ein Nutzgut –, dann ist es (b) die ›Dienstlüge‹ [*mendacium officiosum*], »sei es, daß man die Unterstützung eines anderen oder die Beseitigung eines Schadens im Auge hat«.[36] Im Umgang mit diesen Formen von Lüge stehen dann dafür abgestufte Formen reuebewährter Satisfaktion bereit.

Neuzeit

In den persönlichen und politischen Diskursen seit Renaissance und Glaubensspaltung beginnt sich die Lüge aus dominant religiösen Kontexten zu befreien. Dieser Prozess wurde auch in dem Maße befördert, in dem man sich der antiken Kultur wieder erinnerte. Der rhetorische Topos, der die Emanzipation der Lüge ankündigt, ist in *Gerusalemme liberata* fixiert: »Großmüth'ger Trug! Wer sagt, ob solchen Lügen / Die Wahrheit je den Vorzug abgewann?«[37]

Das Täuschen, die das Denken anspornende Lüge werden wieder als – natürlich zwiespältiges – Organon zur Durchsetzung von gesellschaftlichem Erfolg und Anerkennung entdeckt. Exemplarisch bei Erasmus von Rotterdam, der in einem Dialog die Kunst *zu lügen* mit dem Weben der Spinne vergleicht: »So ist es also keine Kunst, sondern Natur? – Von der Natur stammt die Anlage; Kunst und Übung haben die Fähigkeit entwickelt.«[38] Demjenigen, der bei solcher Klugheit Differenzen zur Wahrheit nicht aushalten zu können

---

[36] Ebd., artic. II; a. a. O., S. 142.
[37] Torquato Tasso: Befreites Jerusalem [1575], üb. v. Johann Diederich Gries, Erster Theil, 2. Gesang, Vers 22; Jena 1819, S. 39.
[38] Erasmus v. Rotterdam: Colloquia Familiara [1518], üb. v. Hubert Schiel, Köln 1947, S. 53.

glaubt, dem wird beschieden: »Und du ziehe nur ein schiefes Maul mit deiner lumpigen Wahrheit! Unter dem Schutz des Odysseus und Merkur werde ich indessen mit meinen … Lügen ein angenehmes Dasein führen.«[39] Und im Politischen, gegenüber dem Handel ein höheres Vermögen, ist es wieder klar, dass die Lüge die ›intelligentere‹ Form der Gewalt ist: »Obgleich Betrug in jedem Geschäft schändlich ist, so ist er doch im Kriege löblich und ruhmvoll, und wer den Feind durch Betrug überwindet, wird in gleichem Maße gelobt, als wer ihn mit Gewalt besiegt.«[40]

Es gehört zur neuen *savoir vivre* auch der überlegene Umgang mit der Lüge, derart nämlich, »ohne zu lügen, nicht alle Wahrheit zu sagen«, denn »nicht alle Wahrheiten kann man sagen, die einen nicht, unserer selbst wegen, die andern nicht, des Andern wegen«.[41]

Auch das protestantische Gewissenspathos kann der Lüge – mutatis mutandis – einige Vorzüge abgewinnen. So kennt die lutherische Ethik Lügen, die erlaubt sind, z. B. den Kranken nicht gleich mit dem factum brutum zu konfrontieren. Man unterscheidet bezüglich der Lüge leichte und schwere Sünden (*peccata venialia* und *peccatta mortalia*); aus jener leichten *peccata* wird das *peccatillum*, schließlich umgangssprachlich die Bagatelle.

Auch der Bereich dessen, was seit dem Aquinaten als ›Dienstlügen‹ soll gelten dürfen, wird stark erweitert: Notlügen als zweckheiligendes Mittel, Verteidigung des Glaubens, auch Spionage und Desinformation. Nicht zuletzt ist auch die zeitgenössische konfessionelle Polemik Teil jener erlaubten Lügenpraxis; exemplarisch ist hier auf Martin Lu-

---

[39] Ebd., S. 59.
[40] Niccolo Machiavelli: Vom Staate [1512]. Gesammelte Schriften, hg. v. Georg Müller, Bd. 1, München 1925, S. 443.
[41] Balthasar Gracián: Hand-Orakel und Kunst der Welt-Klugheit [1653], hg. v. Carlos Marroquin, Leipzig 1982, S. 116 f.

thers *Von den Jüden und ihren Lügen* (1543) zu verweisen, wodurch antisemitische Ressentiments, also Lügen über Juden, prominent in Umlauf gesetzt wurden.

Es sind dann nach Luther einige namhafte protestantische Staatslehrer und Juristen, die den überlieferten christlichen Doktrinarismus bezüglich des Lügenverbots politikbezogen neu überdenken. Sie stellen aus den politischen Konstellationen des Zeitalters der Glaubenskriege heraus das gewissermaßen gesinnungsethische Postulat, dass *alles* unwahre Reden zu unterlassen sei, auch theoretisch in Frage.

Namentlich hat sich Samuel Pufendorf bemüht, das Verhältnis von (privatem) Lügenverbot und (politischer) Schadensabwägung des Lügens neu zu bestimmen. In seiner *Einleitung zur Sitten- und Staats-Lehre* wird zunächst ganz in der bewährten Tradition der Alten definitorisch festgelegt: »Hingegen ist eine Luegen eigendlich / wenn man in seiner Rede mit Fleiß eine andere Gemueths-Meinung von sich giebet / als man wahrhafftig hat / da doch derjenige / gegen den man die Rede brauchet / berechtigt ist / die Wahrheit zu wissen / und uns oblieget / dieselbe so anzustellen / damit der andre unsere eigendliche Meinung erfahren moege.«[42] Zugleich aber unternimmt er es, die überlieferte moraltheologische Ineinssetzung von Lüge und Täuschung – gemäß jenes augustinischen *voluntas ad fallendum* – aufzubrechen: »daß also die so genannte Logicalische Wahrheit, welche in der Uebereinstimmung der Rede mit den Sachen bestehet, mit der Moralischen nicht allemal einerley Art habe«.[43]

Pufendorf nimmt jetzt von vielen Täuschungskonstellationen den Verdacht der Lüge, d. h. er entmoralisiert viele alltägliche Täuschungen in der Sozietät. Er sagt also beispielsweise, »daß diejenigen sich keiner Luegen theilhafftig

[42] Samuel Pufendorf: De officio [1673], Erstes Buch, Kap. 10, § 8, hg. v. Gerald Hartung, Berlin 1997 [Ges. Werke, Bd. 2], S. 160.
[43] Ebd., § 7, S. 160.

machen / … die der platten und derben Wahrheit nicht so faehig seynd«.[44] Fälle solcher Täuschungen, die schlechterdings nicht als Lügen mehr sollen gelten dürfen, reichen vom Privatesten bis ins Staatspolitische: etwa, wenn es gilt, als Anwalt einen »Unschuldigen zu beschuetzen« oder »einen Zornigen zu besaenfftigen«, als Seelsorger »einen Betruebten zu troesten / einen Furchtsamen beherzt zu machen / einen Boshafftigen von seinem boesen Vorsatze abzufuehren« oder als Arzt einem »Eckelnden zum Gebrauch der Artzney zu ueberreden«; und ganz selbstverständlich sind Lügen als *schadensbegrenzend* dann akzeptabel, »wenn Staats-Geheimnisse / und Anschlaege / an deren Verhelungen der Republique viel gelegen / mit ertichteten Zeitungen [d. i. Nachrichten] verdecket / und dererjenigen / denen die Sache nichts angehet / ungestueme Curiositaet gestillet werden muessen«, sowie schließlich auch, »wenn man dem Feind / dem man so offenbarlich nicht beykommen koennen / mit faelschlichen ausgesprengten Geruechte / als einer wohlzugelassenen Kriegs-List / hinters Licht fuehret.«[45]

Pufendorf unterstützt auf diese Weise die aktuellen Anforderungen einer Säkularisierung der Rechts- und Politikformen und damit eine Neuorientierung bezüglich der Organisation des praktischen, diesseitigen Lebens. Als Naturrechtslehrer in der Tradition der europäischen Aufklärung (namentlich des Hugo Grotius) versucht er aus der moraltheologischen Konkursmasse eine vernunftrechtliche Neukonstituierung für berechenbares Zusammenleben im Alltag. Dies unter den neuen Bedingungen der Trennung von Kirche und Staat, also in einer nun weltlichen Gesellschaft. Dass das vorderhand ›unwahre‹ – öffentliche – Reden angesichts einer harten, undurchschaubaren Wirklichkeit nicht schon deshalb auch unredliches, unverantwortliches

[44] Ebd., § 9, S. 160 f.
[45] Ebd.

Verhalten bedeuten muss, ist ein geistig-praktischer Vorstoß in moralphilosophisches Neuland. Diese allmähliche faktische Akzeptanz der sozusagen ›instrumentierten‹ Lüge, zumindest im öffentlichen, politischen Raum, ist eines der Zeichen dafür, dass die ehemals geschlossene, *Eine* moralische Welt des Glaubens einer Vielzahl von gleichermaßen bedeutsamen Glaubens- und Lebenswelten des Menschen Platz macht. Diese Akzeptanz ist natürlich auch eine Folge der verqueren und widersprüchlichen Weisen des geschichtlichen Hervorbrechens von freier Individualität. Man hat diesen Prozess, durch den mit dem neuen Selbstbewusstsein des Menschen eben auch dessen ›dunkle‹ Seiten, wie z. B. sein Macht- und Erfolgsstreben, sein Egoismus und seine Spiel- und Anpassungskapazität, anspruchsvoll hervortreten, immer auch als höchst bedenklich befunden. Die so freigesetzten Energien des *Selbst*, vor allem seine Blendungs- und Täuschungskraft, werden auch sogleich vernunftphilosophisch gebunden.

Aufklärung

Seither steckt jedoch das Problem der *politischen Lüge* als ein Stachel im Fleisch des moralischen Bewusstseins. Die politische Lüge kommt, wie schon Jonathan Swift berichten konnte, bei Gewinnern wie bei Verlierern von Staatsgeschäften vor. Man benutzt sie, »um die Macht zu gewinnen und zu bewahren, und ebenso, um sich zu rächen«,[46] manchmal wird sie »als Monstrum geboren«, manchmal braucht sie lange Zeit, um auszureifen. Man kann mit der Lüge »Königreiche ohne Kampf erobern«, mit ihr »Nutzen im Schaden oder Schaden im Nutzen zeigen«.[47]

---

[46] Jonathan Swift: Über die Kunst der Politischen Lüge [1710], hg. v. Walther Freisburger, Dessau/Leipzig 1940, S. 48.
[47] Ebd., 49 f.

Die Lüge avanciert sehr schnell zur bevorzugten Verkehrsform des Politischen in jenen vom allein verbindlichen Glauben freigelassenen Gemeinwesen, dies zumal seit den Zeiten der Säkularisierung nach den europäischen Glaubenskriegen. Seit der Aufklärung ist zu beobachten, wohin die Prozesse der Entpsychologisierung und Entmoralisierung der Lüge führen. Die Handhabbarkeit der Lüge wurde zunächst unter dem Aspekt des *Schadens* betrachtet, den Täuschungen anzurichten in der Lage sind, und wie diese beherrschbar, gar erwünscht sein könnten. Voltaire hat die Lüge neu so zu bestimmen gesucht: »Le mensonge n'est un vice quand il fait du mal; c'est une très-grande vertu quand il fait du bien. Soyez donc plus vertueux que jamais.«[48] Die Lüge wird also nicht mehr als solche schon delegitimiert; sie bleibt in der Kritik auch der Aufklärung, wenn sie zu einer rechtswidrig beeinträchtigenden Schädigung führt. Die schadens-minimierende, gefällige Täuschung – in der Praktischen Philosophie der deutschen Aufklärung, zumal bei Christian Wolff, heißt das »erlaubte Unwahrheit« (*falsiloquium vero*) – wird jetzt aus dem Lügenbestand herausgenommen. »Ein falsiloquium nämlich ist eine Rede, welche vom Geiste abweicht. Eine solche Rede heißt erst dann Lüge (*mendacium*), wenn sie entweder auf unseren eigenen Schaden oder auf den anderer gerichtet ist.«[49]

Dieses Problem der – definiert begrenzten – Lügen-Erlaubnis führt dann in der Konsequenz zur Frage: Kann es vielleicht nicht sogar ein *Recht* auf Lüge geben?

[48] Voltaire an A. M. Thieriot, v. 21. Oct. 1736, in: Voltaire: Œuvres compl., Nouvelle Èdition, Bd. 34, Paris 1880, S. 153 [»Die Lüge ist ein Laster, wenn sie Böses tut, sie ist eine sehr große Tugend, wenn sie Gutes tut. Seien Sie also tugendhafter denn je«].

[49] Friedrich Christian Baumeister: Elementa philosophiae recentioris, Leipzig 1755, S. 479.

Immanuel Kant, der um diese Frage mit Benjamin Constant einen Streit führt, verneint ein derartiges *Recht* auf Lüge. Denn durch ein solches Recht entsteht die Ungereimtheit, dass man auf eine Rechtsquelle Anspruch erhebt, »indem man die Rechtsquelle unbrauchbar macht«.[50] Kant macht auf den Unterschied aufmerksam, dass es eines ist, in Lebensvollzügen nach Gelegenheit auch lügen zu müssen, ein anderes aber, dies nun überdies auch noch *rechtsförmig* zu tun. Denn eine solche *Rechts*garantie auf Lüge – nur weil eine Lüge auch klug oder gutmütig sein kann – ist ein Vergehen, das der Mensch an sich selber begeht. »Die Lüge … bedarf *nicht* des Zusatzes, daß sie einem Anderen schaden müsse; wie die Juristen es zu ihrer Definition verlangen (*mendacium est falsiloquium in praeiudicum alterius*). Denn sie schadet jederzeit … wenn gleich nicht einem andern Menschen, doch der Menschheit überhaupt.«[51] Es kann zwar gute Gründe für eine Lüge geben, doch niemals einen *Rechts*grund. Kant will damit die für die menschliche Selbsterhaltung so wichtige Rechtssphäre freihalten von Einbrüchen jedes empirischen, modischen oder je politisch-moralisch korrekten, kurrenten Gewohnheitsverhaltens. Denn Kant weiß um die anthropologische Elementarmacht der Lüge. »Die *Lüge* … ist der eigentlich faule Fleck in der menschlichen Natur.«[52]

Wegen dieses verbreiteten Vorkommens der Lüge als Verlaufsform des gelebten Lebens wird auch in der rechtsphilosophischen Sicht Kants ein Regelungsbedarf eingesehen. Aber eben derart, dass es nicht um eine Totalregelung der

[50] Immanuel Kant: Über ein vermeintes Recht aus Menschenliebe zu lügen [1797]. Akademie-Ausg. Bd. VIII, Berlin 1912, S. 426.

[51] Ebd., 426.

[52] Immanuel Kant: Verkündigung des nahen Abschlusses zum ewigen Frieden in der Philosophie [1796], Akademie-Ausg. Bd. VIII, Berlin 1912, S. 422.

Lüge ›ein-für-alle-Mal‹ gehen kann, also etwa ein Verbot (oder auch ein freies Zulassen) der Lüge, sondern dass es wohlbestimmte, prominente Kommunikationsfelder für die Menschen geben muss, in denen Verlässlichkeit formalisiert ist – eben für alle Fälle des rechtsförmigen Umgangs miteinander, aber eben nicht für alle Fälle.

Auch Kants Königsberger Kollege Johann Georg Hamann charakterisiert illusionslos die Täuschungsnatur aller Kultur, allerdings ohne die schon erreichte Differenzierung von Recht und Anthropologie seither hinreichend zu würdigen: »*Lügen* gehören zur *Weisheit*, die irdisch, menschlich und teuflisch ist. *Lügen* sind alle Satzungen eurer sogenannten allgemeinen, gesunden und geübten Vernunft – unbegreiflicher, widersprechender und unfruchtbarer als alle Geheimnisse des Glaubens.«[53] Und: »Eine Lüge verdient immer Abscheu, wenn sie auch noch so gesittet, demüthig und christlich einherschleicht.«[54]

In diesem Sinne wird im Fortgang des Deutschen Idealismus durch Johann Gottlieb Fichte das Lügenverbot wieder undifferenziert radikalisiert: »Du darfst nicht lügen, und wenn die Welt darüber in Trümmer zerfallen sollte.«[55]

19. Jahrhundert

Nach dem Ende der Aufklärung und dem Zusammenbruch des Deutschen Idealismus sind hinsichtlich einer Philosophie der Lüge kräftige retrograde Symptome auszumachen.

---

[53] Johann Georg Hamann: Neue Apologie des Buchstabens h [1773], in: Hamann's Schriften, hg. v. Friedrich Roth, Bd. IV, Berlin 1823, S. 143.

[54] Johann Georg Hamann an Johann G. Lindner, v. 23. Jan. 1761, Beylage, in: Hamann's Schriften, a. a. O., Bd. III, Berlin 1822, S. 63.

[55] Johann Gottlieb Fichte: Verantwortungsschrift gegen die Anklage des Atheismus [1799], in: Fichte-Gesamtausgabe der Bayerischen Akademie d. Wissenschaften, Abt. I, Bd. 6, Stuttgart 1981, S. 42.

Der zweite Nachfolger auf Kants Königsberger Lehrstuhl, Johann Friedrich Herbart, bekennt resigniert: »Und ist es nicht entsetzlich zu denken, entsetzlich zu sagen, – die Lüge ist ursprünglich verwachsen mit der Wahrheit!«[56] Oder, wie sein Königsberger Vorgänger, Wilhelm Traugott Krug, der in einem weitverbreiteten philosophischen Wörterbuch kurz angebunden bestimmt, dass die Lüge »schändlich sei, versteht sich von selbst«.[57] Die Semantik der Lüge wird deutlich eindimensional.

Bernard Bolzano definiert die Lüge als Projektion, dass »unser Nebenmensch etwas, das wir selbst für irrig halten, auf unser Zeugnis glaubt und annimmt. ... Bei der Beurteilung von Lüge und Wahrhaftigkeit kommt es auf jenen Sinn nicht an, den unsere Erklärung, an und für sich betrachtet, haben könnte, sondern allein auf den Sinn, in welchem sie von unsern Zuhörern genommen wird und den wir eigentlich befördern.«[58]

Volkspädagogisch einflussreich sind hinsichtlich ihrer, allerdings je verschiedenen, Ablehnung der Lüge in jener Zeit in Deutschland zwei Autoren:

Erstens der Leipziger Psychiater Johann Christian August Heinroth. Sein Kompendium *Die Lüge* ist eine große Enzyklopädie für Geistliche, Erzieher und Ärzte, wie der Untertitel verspricht. Die Lüge ist für Heinroth nicht etwa lediglich eine Fehlleistung des moralischen oder rechtlichen Bewusstseins. Auch über sie nur als Täuschung zu sprechen, würde ihr bei weitem nicht gerecht werden. Vielmehr wird die Lüge wieder, wie aus ältester Überlieferung, *naturalisiert*

---

[56] Johann Friedrich Herbart: Gespräche über das Böse, Königsberg 1817, S. 72.

[57] Wilhelm Traugott Krug: Allgemeines Handwörterbuch der philosophischen Wissenschaften, Bd. II, Leipzig 1832, S. 753.

[58] Bernard Bolzano's Begriffe [1821], hg. v. Eduard Winter, Berlin 1964, S. 61 f.

und *anthropologisiert*. Zugleich wird eine Entdeckung der
vergangenen Aufklärungsbewegung in Beschlag und unter
Verdacht genommen – das sich als autonom und frei erfahrene Individuum. »Die allgemeine Mutter aller Lüge«, so
Heinroth, »ist also das menschliche Selbst; denn das Selbst
ist in seiner innersten Tiefe Begehrungsvermögen oder begehrendes Wesen.«[59] Heinroths düstere Anthropologie führt
das selbstbewusste Individuum geradezu als durch und
durch von der Lüge durchtränkt vor. Der Mensch ist der Ort
des Bösen und damit die Substanz der Lüge mit ihren unendlichen Modalitäten. Und als perspektivlose Gewissheit
bleibt für den Menschen: »Die Lüge heilt sich nicht selbst
aus, sie ist keine Krankheit, die den Keim ihrer Selbstvernichtung in ihrem Schoose trägt, sondern den Keim ihrer
Selbstvermehrung.«[60]

Mit einer nahezu gnostischen Kälte gegenüber dem
Diesseits des Menschen, seiner Alltagswelt, registriert und
sortiert er die Lüge in allen psychologischen, geistigen, charakterlichen, emotionalen und sozialen Lebenslagen. Der
Schlüssel zur Lösung des Rätsels der Lüge liegt hier nicht in
der Natur der Sprache oder im bösen Wollen, sondern in der
Souveränitätserklärung des freien Geistes. Die aber sei, so
Heinroth, von der (neueren) Metaphysik zu verantworten!
Der böse Lügengeist – das ist der freie Geist. Der ›metaphysische‹ Grund der Lüge, nach dem Heinroth in seiner Anamnese sucht, der die Ursache all der Lügenmetastasen im
Menschen ist, ist der sogenannte ›freie Wille‹, die ›Selbstgewalt‹, kurz: »die ganze Selbstbehauptung des Willens«.[61] Mit
diesen harten Argumenten trifft Heinroth eigentlich schon
die lebendige Kraft einer Zeit, die doch erst eine pränatale
Moderne ist.

[59] Johann Christian August Heinroth: Die Lüge, Leipzig 1834, S. 140.
[60] Ebd., S. 171.
[61] Ebd., S. 480.

Heinroths obsessives Suchen nach den dominierenden
Gründen für die unaufhaltsame Karriere der Lüge wandelt
sich am Ende unvermittelt in eine deftige Kultur- und Zivi-
lisationskritik: Der Lügengeist wird *als Zeitgeist* identifiziert.
Jetzt kristallisiert sich vor unseren Augen die Lüge *als das
Zeitliche schlechthin.* Das Zeitliche, Irdische, Weltliche, das
von alters her unter dem Bann des Teufels stand, dem Vater
der Lüge. Die entscheidende rhetorische Frage, die Heinroth
dann abschließend stellt, lautet: »Oder ist es keine Lüge, das
zeitliche Interesse, sey es auch das des Staats, als das höchste
aufzustellen? Keine Lüge, den Staat vom göttlichen Gesetz
zu isolieren, und von bloßer menschlicher Intelligenz ab-
hängig zu machen? Keine Lüge, eine Religion ohne einen
lebendigen Gott, auf den Grund einer bloßen Idee, aufzu-
bauen? Keine Lüge, aus dieser Idee eine Moral abzuleiten,
der Niemand Genüge leistet und leisten kann? … Keine
Lüge, Menschenwitz über göttliche Weisheit zu erheben?«[62]
   Zweitens: Auch der preußische Gymnasialrektor Julius
Ritter identifiziert die Lüge als eine Leistung, die »in ihrem letzten Grunde auf dem Streben des Subjekts, sich als
alleiniges Gesetz der persönlichen Thätigkeit geltend zu
machen«,[63] beruht. Hinsichtlich des paradigmatischen
Umgangs mit der Lüge finden wir hier dann eine bemer-
kenswerte Umkehrung der Sicht auf die Lüge. Da die Lüge
»dem Menschen etwas ganz natürliches«[64] ist, kann auch der
Umgang mit ihr nicht darin bestehen, sie appellativ – gebots-
moralisch – glauben überwinden zu können. Der erziehe-
rische Prozess angesichts der Lüge hat nicht zum Ziel, dem
Menschen die Lüge »abzugewöhnen«, sondern vielmehr,
ihm Wahrhaftigkeit »anzugewöhnen«.

---

[62] Ebd., S. 492.
[63] J. Ritter: Die Lüge nach ihrem Wesen und ihrer pädagogischen
Behandlung, Leer 1863, S. 9.
[64] Ebd., S. 10.

Ritter beschreitet dann bei der Bestimmung der Lüge ter-
minologisches Neuland, indem er definiert: »Denn die Lüge
ist … kein zufälliger Schaden, der an diesem und dem Individuum haftet, sondern *sie ist eine soziale Macht geworden.*«[65]
Dies führt dann zu einer Erweiterung der Sicht auf die
Lüge. Sie wird nicht mehr nur als individuelle Fehlleistung
oder menschheitliche Depravierung begriffen, sondern gewinnt Gestalt als eine vom Individuum unabhängige Verkehrtheit gesellschaftlicher Gefüge selber. Die Lüge wird
nun auch als innere, formale Konfiguration von intersub-
jektiven Gebilden, wie Theorien und Glaubensformen, oder
auch an politischen Apparaten erkennbar.
    Der Begriff Lüge gerät damit aber gleichzeitig an die
Grenze seines Definitionsbereichs. Mit der Kennzeichnung
solcher Sachverhalte als Lüge wird der Begriff Lüge engge-
führt auf seine nur noch polemische, anklägerische, rhetorische Eignung.
    Bei Karl Munding werden in *Die Lügen des sozialistischen
Evangeliums und die moderne Gesellschaft* die leitenden Po-
stulate jener gesellschaftkritischen politischen Bewegung,
wie der ›Klassen‹-Begriff, ›Lohnarbeit & Kapital‹, ›Gleich-
berechtigung‹ und ›Volksstaat‹ als Lüge vorgestellt und
verworfen. »Der dritte Stand wollte alle Menschen zu Bür-
gern machen, der vierte aber will in Staat und Gesellschaft
niemand mehr gelten lassen als den Arbeiter. … Wo in der
Arbeiterbewegung die Dialektik beginnt, da heben auch die
Lügen an.«[66]
    Während hier die Lügen einer besseren Zukunft ange-
klagt werden, beklagt Max Nordau in *Die conventionellen
Lügen der Kulturmenschheit* die Lügen der Gegenwart. Er
sieht in den Kulturgebilden der Gegenwart, die in allem

---

[65] Ebd., S. 75.
[66] Karl Munding: Die Lügen des sozialistischen Evangeliums, Stuttgart 1885, S. 23 f.

am Ende seien, nur noch die Lüge als den sie virtuell erhal-
tenden ›Blutkreislauf‹. Das heißt in Politik, Wirtschaft, Religion oder Ehe gibt es nicht nur auch Lügen, sondern diese
sind wesenhaft Lügen. »Man fälscht die Werkzeuge der
sinnlichen Wahrnehmung und des Bewußtseins, indem
man durch … narkotische Gifte aller Art das Nervensystem
umstimmt, und beweist dadurch eine instinktive Abneigung
gegen die Wahrheit der Erscheinungen und Verhältnisse.«[67]
    Auch Friedrich Nietzsche bestimmt die Lüge in neuer
Weise, indem er die traditionell starre Dichotomie von ›wahr‹
versus ›falsch‹, den »Contrast von Wahrheit und Lüge«[68] auflöst und beide als je temporäre Positionen in einem dynamischen genealogischen Prozess begreift.
    So kann er Wahrheiten metaphorisch als ›altgewordene‹
Lügen begreifen, kurzum: »Wahrheiten sind Illusionen, von
denen man vergessen hat, das sie welche sind.«[69] So vermag
Nietzsche die ehedem von einer Philosophie als strenger
Wissenschaft als inferior angesehenen Formen der Kommunikation mit Bildern, Metaphern, Fiktionen, Ironie oder
dem Unbewußten neu (und bedeutend) in ihre Rechte ein-
zusetzen. Beim Vorgang des Erkennens geht es nicht länger
bloß um ›das Wahre‹ in einer festgefügte Welt von Begriffen,
viel eher wird er als ein um Selbsterhaltung, also um Leben
bemühtes existentielles Phänomen begriffen, in dem Wahrheit und Lüge mehr bedeuten als bloß nach ›gut‹ oder ›böse‹
sortiert werden zu können.
    Genau darum bemühte sich just zur gleichen Zeit auch
ein anderer geistig ›Wahlverwandter‹ in einem bemerkens-

    [67] Max Nordau: Die conventionellen Lügen der Kulturmenschheit
[1883], Leipzig 1909, S. 14.
    [68] Friedrich Nietzsche: Ueber Wahrheit und Lüge im aussermora-
lischen Sinne [1873]. Kritische Studienausgabe, Bd. 1, München 1988,
S. 877.
    [69] Ebd., S. 881.

werten Text: Oscar Wilde in seinem Dialog *The Decay of Lying*. Dementsprechend entwirft also Wilde seinen *Verfall des Lügens* als platonischen Dialog, weil er mit dem Griechen der Meinung ist, dass die Kunst mit der Lüge beginnt. Gleichzeitig aber macht er – mit sokratischer Ironie – deutlich, dass natürlich Lügen auch Tugenden und keine Laster sind. Es gilt den massenhaften, plebejischen *Instinkt der Lüge* zu überwinden zugunsten einer zukünftigen, eleganten, stilvollen und formreichen *Ästhetik der Lüge.*

Oscar Wilde lässt den erstaunten *Cyril*, der angesichts des heruntergekommenen politischen Alltags einen *Verfall* der Lüge kaum zu bemerken vermag, von *Vivian* über einen präzisen Begriff von Lüge belehren. Während im politischen Geschäft die Lüge auf das Niveau bloßer Verdrehungen heruntergebracht wird, sollte man im Unterschied dazu das Temperament des echten Lügners kennenlernen, und zwar in »seinen freimütigen, furchtlosen Erklärungen, seiner großartigen Verantwortungslosigkeit, seiner gesunden, natürlichen Geringschätzung von Beweisen irgendwelcher Art!«[70] Wer so wenig Phantasie besitze, eine Lüge immer erst noch beweisen zu müssen, der solle ehrlicherweise gleich die Wahrheit sagen. Ein Appell an Advokaten, Politiker und Journalisten – sie sollten ihre *billigen* Lügen lassen, die uns doch nur langweilen. Die alten Lügen rückhaltlos zu bekennen, sei, so Wilde etwas unerlässlich Kathartisches – es muss doch Raum geschaffen werden für neue Lügen.

Georg Simmel schließlich analysiert die mentale Konstruktionsform der Lüge, die u. a. darin besteht, dass der Lügner »zwei inhaltlich durchaus verschiedene Vorstellungsreihen in seinem Bewußtsein haben (muß): seine eigene wirkliche Meinung und diejenige, die er nach außen

---

[70] Oscar Wilde: Der Verfall des Lügens [1889], in: Oscar Wilde: Das Bildnis des Dorian Gray. Märchen. Erzählungen. Essays, hg. v. Friedmar Apel, München 1988, S. 484.

repräsentiert.«[71] Das aber »fordert eine besondere Beweg-
lichkeit und Geschicklichkeit des Geistes, damit sich der
Lügner nicht sogleich in Selbstwiderspruch verwickle und
infolgedessen seinen Zweck verfehle.«[72] Dieses Doppelspiel
aber hat gewissermaßen ›ontologische‹ Folgen. Es gehört
nämlich zur inneren Konsequenz der Lüge, daß »sie ganze
Welten aufbaut, die mit der wirklichen, von jenen sehr ab-
weichenden Welt dennoch die mannigfaltigsten Beziehungen haben – worin die Erdichtung ihre Verwandtschaft
mit der Dichtung zeigt«.[73] Damit aber bringt die Lüge ins-
gesamt Bewegung in eine in der Gefahr der Erstarrung be-
findlichen Gesellschaft. Auf diese Weise kann der Diskurs
über die Lüge am Ende des 19. Jahrhunderts den Bereich der
Moral endgültig verlassen.

20. Jahrhundert

Das wird einmal als *das* Jahrhundert der Lüge zu begreifen
sein: »Da werden wir erkennen, dass das Element unseres
Lebens nicht die Wahrheit ist, sondern die Illusion.«[74] Diese
neue Erfahrung des *fin de siècle*, einer Zeit, »der die *Lüge
des Ich* gerade erst aufdämmert«,[75] hat Henrik Ibsen in dem
von der europäischen Kultur sofort aufgenommenen litera-
rischen Topos *Lebenslüge* zusammengefasst. »Ich sorge dafür,
die Lebenslüge in ihm zu konservieren«, so lässt Ibsen den
Arzt *Relling* eine Therapie erklären. »*Gregers:* Die Lebens-

---

[71] Georg Simmel: Zur Psychologie und Soziologie der Lüge [1899],
in: Georg Simmel: Gesamtausgabe, Bd. 5, hg. v. Otthein Rammstedt,
Frankfurt/M. 1992, S. 413.

[72] Ebd., S. 414.

[73] Ebd., S. 415.

[74] Hermann Bahr: Inventur, Berlin 1912, S. 50.

[75] Karl Wolfskehl an Karl Viëtor, v. 6. Mai 1936, in: Karl Wolfskehl: Briefwechsel aus Italien, hg. v. Cornelia Blasberg, Hamburg 1993,
S. 193.

lüge? Habe ich recht gehört? – *Relling*: Jawohl, ich sagte: die Lebenslüge. Denn sehen Sie, die Lebenslüge, die ist das stimulierende Prinzip.«[76]

Es ist also eine Vernunft der Lüge zu konstatieren, die sich gerade in existentiellen Situationen bewährt, in denen »das Abgehen von der Wahrheit nicht bloß gerechtfertigt, sondern zur Pflicht gemacht«[77] ist.

Diese Täuschungslogik der Lüge entfaltet aber auch destruktive Aspekte, dann nämlich, wenn man von den eigenen Täuschungen überwältigt wird. Die mentale Verfassung dabei wird mit dem Nietzsche-Begriff *Ressentiment* bestimmt. Das Ressentiment ist sozusagen ein ›Gegen-Gefühl‹, mit den Worten Max Schelers, »eine *seelische Selbstvergiftung*«.[78] Hieraus erwächst für das Problem der Lüge ein besonders bizarrer Sachverhalt. Ressentiments, wie beispielsweise Rache, Bosheit, Neid, sind sehr tiefsitzende Gefühle. Dies führt allerdings schnell, wieder in den Worten von Scheler, zur *Werttäuschung*. Der davon Betroffene lebt mit einem ›dunklen‹ Bewusstsein in einer unechten Scheinwelt, ohne Macht, durch sie hindurch zu dringen. Er kann nicht sehen oder unterscheiden, was seine phänomenale ›Binnenwelt‹ und was die Welt der Phänomene ist. In dieser Seelenverfassung befinden sich exemplarisch der *Apostat, der Abtrünnige, der Konvertit*. Die finden ihre neue Lebensorientierung gerade nicht primär im Neuen, sondern sie leben gewissermaßen eindimensional »nur *im Kampf* gegen die alten Überzeugungen und um deren Negation willen«.[79] Ein solches ressentimentgeladenes Leben (verursacht u. a. durch enttäuschte Erwartung, Beleidigung oder eigenes Unvermögen) besteht dann in einer Kette von Racheakten an seinem

---

[76] Henrik Ibsen: Die Wildente [1890], Frankfurt/M. 1960, S. 62.
[77] Rudolf v. Ihring: Der Zweck im Recht, Leipzig 1905, S. 481.
[78] Max Scheler: Vom Umsturz der Werte [1923], Bern 1955, S. 38.
[79] Ebd., S. 57.

geistigen oder gesellschaftlichen Herkommen (bzw. am Leben der anderen!). Der Mensch dieses Ressentiments polt
traditionelle Wertbestände um, er erleidet (und erliegt) Täuschungen des Wertfühlens. Jenes meist obsessive Umdeuten,
Umwerten, ja auch ›Fälschung der Werttafeln‹ (Nietzsche)
des eigenen ›ehemaligen‹ Bewusstseins ist nun aber nicht so
sehr als ein bewusstes Lügen zu verstehen. Für diese sehr
gesteigerten, intensivierten Täuschungen findet Max Scheler
den eindringlichen Begriff der »*organischen Verlogenheit*«.[80]
Hierbei erfolgt die Täuschung nicht so sehr im Bewusstsein,
d. h. der bewussten Entscheidung, wie bei der gewöhnlichen
Lüge, sondern sie ist eine besondere Erlebnis- und Bildungs-
weise von Vorstellungen und Erfindungen über sich selber.
›Organische Verlogenheit‹ ist überall da gegeben, wo Menschen nur unter der Maßgabe von Abwehr, Distinktion, Vorurteil, ›Hochspannung‹, Verdacht und Tribunalisierung leben und denken. Die Pointe bei diesem Lügentypus ist: »Wer
(organisch) *verlogen* ist, braucht nicht mehr lügen!«[81]
    Ein Wendepunkt in der Geschichte der Lüge ist mit der
›Urkatastrophe‹ dieses Jahrhundert, dem Ersten Weltkrieg,
verbunden. Die Lüge als ein in der Verfügung des Menschen
befindliches Vermögen verlässt den Raum der Subjektivität –
»Die Lüge wird zur Weltordnung gemacht.«[82]
    Charles E. Montague demonstriert diese neue Dominanz
der Lüge an Hand gerade der Rolle der Medien, zumal zu
Kriegszeiten. Es werden alle Medien neurotisiert und sie alle
fühlen sich zur Erzeugung einer Gegenwelt der Lüge nahezu verpflichtet, die entweder die Leidenswelt des Krieges
vollständig verbirgt oder sie apokalyptisch totalisiert. Diese

---

[80] Ebd., S. 67.
[81] Ebd.
[82] Franz Kafka: Der Proceß [1914]. Kritische Ausgabe, Frankfurt/M.
1990, S. 303.

erfüllen damit eine ganz neue »Pflicht zur Lüge«.[83] Die Wirkung dieser modernen Lügenstrategie ist durchschlagend:
»The whole sky would be darkened with flights of strategic
and tactical lies so dense that the enemy would fight in a
veritable ›fog of war‹ darker than London's own November
brews. And the world woud feel that not only the Angel of
Death was abroad, but the Angel of Delusion too, and would
almost hear the beating of two pairs of wings.«[84]

Hannah Arendt hat dieses Verschmelzen von Öffentlichkeit und Lüge nach dem Zweiten Weltkrieg aus der Perspektive von Krisensituationen westlicher Demokratien beschrieben. Auch hier gilt: »Lügen scheint zum Handwerk nicht nur
des Demagogen, sondern auch des Politikers und sogar des
Staatsmannes zu gehören. Ein bemerkenswerter und be-
unruhigender Tatbestand.«[85] Die Öffentlichkeit der Lüge
aber verwandelt deren traditionelle Form derart, dass man
sich fragen könnte, »ob man hier noch zu Recht von *Lüge*
spricht«.[86] Die Lüge avanciert zum Normalfall von Kommunikation, sogar mit Wahrheiten (über die jeweilige politische
Gegenseite) wird jetzt gelogen. Die Lüge dieser *organischen
Lügner* verbindet wie eine kommunizierende Röhre Politik
und Massenalltag.

Alexandre Koyré hat erstmals 1943 im amerikanischen
Exil die moderne politische Lüge analysiert. Hier praktiziert
man »eine alte machiavellistische Technik der Lüge zweiten
Grades, eine … perverse Technik, bei der die Wahrheit selbst
ein bloßes und einfaches Instrument der Täuschung wird«.[87]

---

[83] Charles Edward Montague: Disenchantment, London 1922, S. 78.

[84] Ebd., S. 87.

[85] Hannah Arendt: Wahrheit und Lüge in der Politik, München
1972, S. 44.

[86] Alexandre Koyré: Betrachtungen über die Lüge, in: Freibeuter,
Nr. 72 (1997) S. 5.

[87] Ebd., S. 12.

Bei dieser Universalisierung der Lüge erhebt sich die
Frage nach den Bedingungen der Möglichkeit »mancher
inneren Lüge«.[88] Ist also dieses Sich-selbst-Belügen, dem augenscheinlich auch die modernen Meister der Lüge – und
ihre Klienten, das glotzäugige, netzversessene Massenpubli-
kum – unterliegen, überhaupt noch mit dem Modell der
Lüge zu beschreiben? Sind also *Selbsttäuschungen* als Lüge
möglich? Denn hier fehlt ja offensichtlich das zum Begriff
der Lüge spezifisch zugehörende Kriterium der *Täuschungsabsicht* (voluntas ad fallendum).

Jean-Paul Sartre hat dies problematisiert: »Das Wesen
der Lüge impliziert ja, daß der Lügner über die Wahrheit,
die er entstellt, vollständig im Bilde ist. Man lügt nicht über
das, was man nicht weiß, man lügt nicht, wenn man einen
Irrtum verbreitet, dem man selbst erliegt.«[89] Das Problem,
dass Selbstlüge in der Aufhebung der Dualität von Lügner
und Belogenem besteht, versucht Sartre aufzulösen, indem
er Unterscheidungen in der Innenstruktur des Bewusstseins
vornimmt. Dabei greift er auf Denkformen der Psychoanalyse zurück. Derzufolge würde dann das *Es* den Part des Lügners und das *Ich* den des Belogenen vertreten. Freilich ist das
Ich zwar das Belogene, aber letztlich doch nicht im strengen
Sinne des Begriffs der Lüge. Der Begriff der Selbsttäuschung
ist strenggenommen also leer! Sartre spricht dann auch ter-
minologisch lieber von *Unaufrichtigkeit* (mauvaise foi) als
von Selbst-Lüge.

Auch Donald Davidson versucht beim Phänomen der
Selbsttäuschung ganz ohne das alte Lügen-Modell auszu-
kommen. Seine Überlegung zielt darauf, dass sich der ›Selbst-
täuscher‹ lediglich in der Bewertung einer Hypothese irrt;

[88] Immanuel Kant: Die Metaphysik der Sitten [1797], Akademie-
Ausgabe, a.a.O., Bd. IV, S. 430.
[89] Jean-Paul Sartre: Das Sein und das Nichts [1943], Reinbek b.
Hamburg 1993, S. 120.

er über- oder unterschätzt bestimmte Belege, die bestimmte Vermutungen stützen und bestätigen. »Selbsttäuschung ist … eine Form selbstinduzierter Bestätigungsschwäche, wobei das Motiv für die Herbeiführung einer Überzeugung die gegenteilige Überzeugung ist.«[90] Das, was man Selbsttäuschung nennt, sei im Grunde nichts mehr als dieser starke Wunsch, also jene *selbstinduzierte Täuschung*, verbunden mit einer starken Fehlbewertungen relevanter Daten.

3. Vladimir Jankélévitch

Vor Jankélévitch steht bei seinem Nachdenken über das Problem der Lüge der Sachverhalt, den sein jüngerer Kollege Paul Ricœur so beschrieben hat: »Vielleicht hat man schon erraten, daß der Geist der Lüge mit unserer Suche nach der Wahrheit unentwirrbar verknüpft ist, ähnlich einem Nessusgewand, das auf dem menschlichen Körper klebt.«[91]

Bei Vladimir Jankélévitch (1903–1985) wird in *Du mensonge* [1942] der Zusammenhang von Lüge, Bewußtsein, Verstehen und Rhetorik thematisiert. »Die Litotes zum Beispiel setzt wie jede ironische Pseudogorie die extreme Spaltung des Bewusstseins voraus, die unendliche Wendigkeit einer Reflexion, die weder länger am Gegenstand noch an sich selbst haftet; dennoch ist die Litotes nicht lügnerisch […] Es ist folglich die betrügerische Intention, die den Unterschied macht zwischen der Lüge und den anderen Pseudogorien.«[92] Jankélévitch betont die Einsamkeit des Lügners, aber auch seine Oberflächlichkeit, seine mediocre Inszenierung und seinen schlechten Geschmack. Die Lüge verführt im Han-

---

[90] Donald Davidson: Deception and Devision, in: The Multiple Self, hg. v. Jon Elster, Cambridge 1986, S. 89.
[91] Paul Ricœur: Wahrheit und Geschichte, München 1974, S. 152.
[92] Von der Lüge, oben, S. 15.

deln nach dem Prinzip des geringsten Widerstandes. So dominiert sie menschliches Leben.

Die *Lüge* bestimmt Jankélévitch zunächst in der Tradition des Augustinus so: »Die Möglichkeit der Lüge ist mit dem Bewusstsein selbst gegeben, es ermisst sowohl deren Größe als auch deren Erbärmlichkeit. Und so wie die Freiheit nur frei ist, weil sie zwischen dem Guten und dem Bösen wählen kann, so liegt die Dialektik der Lüge ganz und gar in jenem Missbrauch der Macht, der dem erwachsenen Bewusstsein eigen ist. Auch wenn es die Art der Lüge definiert, bestimmt das Bewusstsein jedoch nicht seine spezifische Differenz«.[93]

Jankélévitch lenkt den Blick damit auf die gewissermaßen ›personale‹ Seite der Lüge, auf die innere mentale Verfasstheit dessen, der sich zur Lüge ›entschließt‹.

Dieser Zugriff charakterisiert auch ganz wesentlich Jankélévitchs philosophischen Ansatz, der eine ganz eigene Art von Lebensphilosophie darstellt. Seine diesbezüglichen Meister sind Schelling, über den er 1933 seine These *L'Odyssée de la conscience dans la dernière philosophie de Schelling* (*Die Odyssee des Bewusstseins in der Spätphilosophie Schellings*) schrieb, sowie Kierkegaard und Bergson.

Er bleibt lebenslang ein intellektueller Solitär, fernab modischer philosophischer ›Schulen‹. »In der Herdengemeinschaft, in der heute Philosophie betrieben wird«, so schreibt er 1978 einmal, »ist derjenige, der sich kein bestimmtes Publikum und keine Herde ausgesucht hat, zur Einsamkeit verdammt«; er ist, wie es da weiter heißt, »ein heimatloser Philosoph«[94]. Dies ist eine präzise Selbstcharakteristik.

Jankélévitch war seit 1951 Professor für Moralphilosophie an der Sorbonne; er war hier Nachfolger von René Le

---

[93] Ebd.

[94] Vladimir Jankélévitch / B. Berlowitz: Quelque part dans L'Inachevé, Paris 1978; deutsche Übersetzung v. Wiard Raveling in: Sinn und Form [Berlin] 49 (1997), 3. H., S. 329.

Senne, der 1930 ein Standardwerk[95] zur Lüge vorgelegt hatte. Jankélévitch war, als er seinen Traktat *Du mensonge* veröffentlichte, Gymnasiallehrer für Philosophie in Toulouse.

Sein philosophisches Interesse konzentrierte sich immer auf praktische Lebenszusammenhänge. Als es in der philosophischen Zunft – auch in Frankreich – Mode war, sich über die ›bürgerliche Moral‹ – als Verblendungszusammenhang – lustig zu machen, versuchte er gerade konkrete ethische und moralische Problemlagen zu verstehen. So schrieb er Bücher über das *Böse*, das *Verzeihen*[96], das *Abenteuer*, die *Langeweile, den Tod*[97], die *Ironie*[98] und eben auch über die *Lüge*.

In diesem Werk – *Du mensonge* – versucht er, sozusagen der ›Subjektseite‹ im Lügen auf die Spur zu kommen. Er thematisiert dabei Gestaltformen der Bewegung und den Zusammenhalt des Bewusstseins sowie seinen Kontakt mit dem *Anderen*.

Seine Überlegungen zur Lüge liegen jenseits ihrer Bewertung als *gut* vs. *böse*. Er betont aber die unfreie Lage des sich bewusst-frei entscheidenden Subjekts beim Lügen, nämlich die Einsamkeit des Lügners, auch seine Oberflächlichkeit, seine mediokre Inszenierung und seinen schlechten Geschmack. Die Lüge verführe im Handeln, so Jankélévitch, nach dem Prinzip des geringsten Widerstands. So dominiere sie menschliches Leben.

---

[95] René Le Senne: Le Mensonge et le Caractere, Paris 1930.
[96] Vladimir Jankélévitch: Das Verzeihen, hg. v. Ralf Konersmann, Frankfurt/M. 2003, 292 S.
[97] Vladimir Jankélévitch: Kann man den Tod denken? Gespräche mit Jankélévitch, hg. v. Jürgen Brankel, Wien 2003.
[98] Vladimir Jankélévitch: Die Ironie, Frankfurt/M. 2012.

Das lügenhafte *Bewusstsein*

Bewusstsein, so Jankélévitch, ist eine ›doppelte Relation‹, »das Verhältnis zweier Verhältnisse«.[99] Dieses *Verhältnis zweier Verhältnisse* ist der Bewegungsraum im Lügen. »Das Sagen der Wahrheit ist ein irrationaler und leidenschaftlicher Akt des Willens, und der Wille selbst ist eine etwas wilde Kraft in uns, die einem anderen Rhythmus folgt als die Erkenntnis«.[100] Und ebenso natürlich die Lüge! Sie richtet sich ein in einer hieraus resultierenden Differenz von Wissen und Tun. Die Lüge sei, darin folgt Jankélévitch der ältesten christlichen Tradition, eine Angelegenheit, die absichtlich geschieht. Damit ist sie vom Irrtum kategorisch getrennt. Die Lüge aus »aus der beunruhigenden Tiefe des Bewusstseins«[101] wird prominent zur »Quintessenz der Sünde«.[102]

Dieser Zusammenhang macht deutlich, dass die *Lüge* nicht einfach definiert werden kann durch ihre – beklagenswert – massenhaft empirisch zu konstatierende Phänomenalität. Sie ist auch nicht nur eine sittliche Fehlleistung. Vielmehr ist die Lüge »eine Disposition des Bewusstseins«.[103]

Es bleibt zunächst die Frage, auf welche Weise bzw. dank welcher Konstellation der Lügner »unter den unzähligen Formen des Falschen auswählen wird«.[104] Es sei, sagt Jankélévitch überraschenderweise, die *Zeit*, die es den Lügnern (hier: ›fabulateurs‹) gestattet, »etwas anderes zu sein als man selbst, sein, was man nicht ist«.[105] Das erst erlaubt dem Lügner sein doppeltes Spiel. Er manipuliert mit dem *Vorher* und

[99] Von der Lüge, oben, S. 16.
[100] Ebd. S. 17 f.
[101] Ebd. S. 18.
[102] Ebd.
[103] Ebd. S. 20.
[104] Ebd. S. 22.
[105] Ebd.

dem *Danach*, er macht sich den Umstand zunutze, dass in den verschiedenen ›Gegenwarten‹ Erinnerungen und Möglichkeiten niemals aufeinander reduzierbar sind: »Unsere Gegenwart überschreitet … in jeder Minute ihre Morphologie; unsere Gegenwart kann in ihrer momentanen Form nicht völlig enthalten sein.«[106]

Daraus folgt für das Verständnis der *Lüge*: Unser Bewusstsein will das Polymorphe, das Missverständliche (›*Le Malentendu*‹), das *Uneingestehbare* (Georges Canguilhem) doch handhaben und erfindet, *nous inventerons*, wie Jankélévitch sagt, etwas Glaubhaftes, Zweckmäßiges.

Kurz: »Die Lüge ist Manöver: Sie impliziert die Kontrolle über die eigene Duplizität und das Spiel mit all dem Nicht-Seienden.«[107] So entgeht unser Bewusstsein dem Abusus der Sprachlosigkeit angesichts der Polyphonie des Seienden, seiner überabzählbar vielen Facetten. Es erfindet sich zwei Provisorien: *wahr* & *falsch*. Der Preis des Bewusstseins für die Macht, sich verständlich zu machen, ist also ihre Gegen-Macht – zu betrügen. Dies sei der »ewige Hermetismus des Bewusstseins«.[108]

Durch die *Lüge* also sieht sich das menschliche Bewusstsein in der Lage, statt, wie ihm in dieser Situation mehrheitlich vorgeworfen wird, zu *verschleiern* vielmehr ›nach Strich und Faden‹ (Montaigne) zu *erfinden*.

Diese »Person spaltet sich in ebenso viele Gestalten auf, wie es für sie soziale Situationen gibt«.[109] Das Vermögen zu lügen bleibt natürlich nicht ›unschuldig‹. Denn etwas kommt zu jenem Ich hinzu, das dann ein zureichender Grund ist, »der die Lüge zum Betrug« macht.[110] Das ist das soziale Mi-

---

[106] Ebd. S. 23.
[107] Ebd. S. 25.
[108] Ebd. S. 26.
[109] Ebd. S. 27 f.
[110] Ebd. S. 29.

lieu oder genauer – »die Gegenwart des Anderen«.[111] Allein durch diesen Druck des In-Beziehung-gesetzt-Seins entfaltet der Andere – »wenn er ist wie ich, obgleich er nicht ich ist«[112] – in mir ein ›nach oben offenes‹ Vermögen, zu manövrieren.

Die Lüge, der Betrug findet, so Jankélévitch, seine Referenz in einer Welt nur partiell verständlicher, eher undurchsichtiger und einer dem anderen ein Geheimnis bleibender Kreaturen. Zu ihnen gilt es immer in hinreichender Distanz zu sein, ohne sie ganz entbehren zu können. Die Lüge beispielsweise *als List* ist die Stärke der Schwachen. »Alles in allem ist die Lüge eine Strategie, dazu bestimmt, die Alternative zu befrieden.«[113]

So bleibt für Jankélévitch das Bewusstsein als der ›Verkehrsraum‹ der Lüge in einer unauflöslichen Ambiguität. Denn es gilt letzthin: »Die Lüge ist folglich zugleich gesellig und ungesellig – ungesellig, da das Allgemeine der Unaufrichtigkeit den Widerspruch einschließt«.[114]

Es bleibt also für Jankélévitch – mit Descartes – zu konstatieren: Es ist das *Betrügen-Können* ein Zeichen von Subtilität und Stärke unseres Bewusstseins, so wie das *Betrügen-Wollen* ein Zeichen seines Elends und der Schwäche ist.

Der Ordo Mendacil

Die Gebrochenheit des *lügnerischen* Bewusstseins verweist dann auch auf die sehr eingeschränkte Reichweite der Lüge für eine Orientierung im Bau der Welt. Die Lüge impliziert einen *logos*, »doch ist es ein kurzsichtiger Logos«.[115] Die

---

[111] Ebd.
[112] Ebd.
[113] Ebd. S. 30.
[114] Ebd. S. 31.
[115] Ebd. S. 33.

Lüge orientiert immer auf etwas Vereinfachendes, Verkürzendes. Sie sei, so Jankélévitch hier sehr einprägsam, »die
innere Flucht, das Verlassen des Postens, das Opium der geringsten Anstrengung«.[116] Die Lüge folgt also dem Prinzip
des geringsten Widerstandes. Sie ist von Oberflächlichkeit,
aber eben auch von Leichtigkeit gekennzeichnet. Sie ähnelt
dem, was wie ›von selbst‹ geschieht. Da die Lüge kein Gewicht zu haben scheint, sinken auch die Hemmschwellen,
sich ihrer – als etwas Leichtem – im ›Hier und Jetzt‹ gele-
gentlich zu bedienen. Man kann augenfällig in ihrem Schatten handeln, ohne Spuren zu hinterlassen.

Die Lüge ist – wie die Gewalt, das Laster, der Zufall
oder die Ausschweifung – »letzlich die Herrschaft des
Augenblicks«.[117] Durch diese ›Ortlosigkeit‹ und mangelnde
Dauer der Lüge, eben weil sie auf den Augenblick, das bloß
Momentane ›beschränkt‹ bleibt, kommt eine weitere Eigen-
art ihrer Struktur in den Blick. Nämlich »ihr artifizieller und
labiler Charakter«.[118] Damit kommt sie dem Menschen in
seinem Alltag sehr gelegen.

Die Lüge ist also nicht nur etwas Oberflächliches, Mo-
mentanes, sondern auch von äußerster Zerbrechlichkeit –
»ein Moment der Unaufmerksamkeit – und das Kartenhaus
stürzt ein«.[119]

Der Lügner nun, der mit diesen fragilen Gebilden umzugehen weiß, erleidet dabei selber eine sich je wiederholende
›anthropologische‹ Reduktion. Er wird – wie sie – selber
oberflächlich und zerbrechlich. Er ist ohne Vergangenheit
(und Zukunft!). Seine Passion ist der Augenblick. Er muss
immer sozusagen alarmiert sein. Er wird durch sein Fixiert-
sein auf den Augenblick aber unausweichlich ein Solitär,

[116] Ebd.
[117] Ebd. S. 35.
[118] Ebd. S. 36.
[119] Ebd.

»die Einsamkeit, in die sie sich selbst einschließt«.[120] Wie bei einem Spieler erzeugt sein ureigenes Ungleichgewicht beim Lügner ein gespensterhaftes Bewusstsein (*consciences spectrales*). Kurz: »Die Lüge macht folglich aus dem Ich ein Gespenst«.[121]

Die Lüge entziffern und ihr entkommen

Es gibt nach Jankélévitch nur zwei Wege, mit der Lüge umzugehen: »der erste wäre, eines schönen Tages durch einen Akt plötzlicher und schmerzhafter Aufrichtigkeit aus der Rolle herauszutreten, der andere verlangt so sehr das Aufgehen in ihr, dass die zweite Natur zur ersten wird, so dass das Gewand mit der Haut eins wird.«[122] Die erste Option ist als ein ›Befreiungsschlag‹, zwar schmerzhaft, aber man könnte sich so gewissermaßen ›zurückverbrüdern‹ in die Fülle eines reichen Begriffs von Menschheit. Im zweiten Fall, und das ist der Regelfall des real existierenden, alltäglich handelnden Menschen, wird man eine Formverkehrung des Bewusstseins erkennen müssen, und »im äußersten Fall vom Glauben ununterscheidbar«.[123]

Aber es gibt, so Jankélévitch, doch noch ein ›Drittes‹, um uns »in den Labyrinthen des Irrtums fehlzuleiten«,[124] um dann doch noch einigermaßen unbeschädigt und vom oben genannten Dilemma befreit bestehen zu können. Ein solches ›Drittes‹ hat unser natürlich immer gefährdetes Bewusstsein auch zur Verfügung. Das aber ist die *Ironie*.

Sie ist das *Wirklich-Leichte* gegen die Imagination des Leichten in der Lüge. Durch sie – die Ironie – werden wir

[120] Ebd. S. 37.
[121] Ebd. S. 38.
[122] Ebd.
[123] Ebd.
[124] Ebd. S. 39.

nicht wie durch ein Zauberkunststück überwältigt, sie will
nicht geglaubt werden, sondern *verstanden.* Die Ironie, so
Jankélévitch, als »bonne conductrice«, führt den Geist, unser Bewusstsein, zur Innerlichkeit, während die Lüge ihn ins
Äußerliche zieht.

Beide – Ironie und Lüge – gebrauchen in ihrem Agieren
die Sprache. Die Lüge gebraucht sie nur äußerlich, wie hinter einem Schirm verbirgt sie sich hinter Worten. Die Ironie
dagegen befördert unser Talent zu deuten; dies ist auf den ersten Blick mit dem verwandt, was auch die Lüge treibt. Aber
die Lüge missbraucht diesen Affekt. Die Lüge will uns dabei
nicht wie die Ironie darauf hinorientieren, was sie denkt,
sondern was sie sagt. Die Ironie dagegen spornt unsere Ta-
lente an in der Kunst, zwischen den Zeilen zu lesen.

Kurzum: Da man, wenn auch mühevoll, doch hoffen
kann, die Lüge, den Lügner zu begreifen, wird man, so
Jankélévitch, auch Wege finden, die Wahrheit in ihr Gegenteil zu verkehren.

Das wird freilich keine kognitive Anstrengung sein, sondern ein Akt praktischer Vernunft. Statt ein ›Unbegreifliches‹
am Anderen, dessen ›unheilbare Beschränktheit‹ anzuklagen, versuche jeder zuerst einen Akt der Selbstreflexion.

Denn: »Die grundlegende Ursache der Lüge ist der Mangel an Großmut, und allein der Großmut wird uns, weil er
die Quelle der wiedergefundenen Existenz ist, unschuldig
und transparent machen wie am ersten Tag der Welt.«[125]

---

[125] Ebd. S. 53.

Zum Text

Jankélévitchs *Du mensonge* erschien 1942 in Lyon, im Verlag *Éditions Confluences*. Ebenfalls dort wurde 1945 eine zweite Auflage vorgelegt, als Band 2 der Reihe *Cahier de la Renaissance Française*.

Die vorliegende Übersetzung von *Du mensonge* erfolgte nach der Werkausgabe: Vladimir Jankélévitch: *Philosophie morale*, Paris: Flammarion 1998, S. 213–288, die Françoise Schwab besorgt hat. In dieser Werkausgabe wurde bei *Du mensonge* die zweite Auflage zugrunde gelegt.

Herausgeber und Übersetzer haben den Text Jankélévitchs durch Anmerkungen und Zusätze in Text und Fußnoten sowie durch zusätzliche Fußnoten ergänzt und erweitert. Texteingriffe sind mit […] gekennzeichnet.

Dank

Herrn Professor Dr. Xavier Tilliette SJ (Paris) möchte ich ganz herzlich danken für das sehr persönlich gehaltene Geleitwort, das er für diese Ausgabe geschrieben hat.

Herrn Dr. Heinz Mürmel (Leipzig) und Herrn Martin Eberhardt (Berlin) danke ich für die Unterstützung bei der Kommentierung, Übersetzung bzw. der Satzherstellung des Textes.

Steffen Dietzsch